정의와 공정 2

키워드 한국 공론장

NANAM
나남출판

정의와 공정 2

키워드 한국 공론장

2024년 12월 10일 발행
2024년 12월 10일 1쇄

지은이   김비환·양재진·박준식·이준웅·송지우
편찬   한림대학교 도헌학술원 R&D 기획단
기획   한림대학교 도헌학술원 키워드 한국 공론장 기획팀
발행자   조완희
발행처   나남출판사
주소   10881 경기도 파주시 회동길 193, 4층 (문발동)
전화   (031) 955-4601 (代)
FAX   (031) 955-4555
등록   제 406-2020-000055호 (2020.5.15)
홈페이지   http://www.nanam.net
전자우편   post@nanam.net

ISBN 979-11-92275-21-5
ISBN 979-11-971279-4-6(세트)

책값은 뒤표지에 있습니다.

한림대
도헌학술총서
04

정의와 공정 2

키워드 한국 공론장

김비환 · 양재진 · 박준식 · 이준웅 · 송지우 지음

NANAM
나남출판

Justice and Fairness 2

Keywords of the Public Sphere in Korea

by

Bihwan Kim, Jae-jin Yang, Joon-shik Park,
June Woong Rhee, Jiewuh Song

NANAM

서문

'키워드 한국 공론장'을 시작한 2023년은 관동대지진 100년
이 되는 해이기도 하다. 관동대지진은 한 나라의 수도를 직격
한 진도 7.9의 엄청난 천재지변이었지만, 악성 유언비어(가짜
뉴스)가 유포되며 조선인들이 학살당하는 끔찍한 인재人災도
낳았다. '적대자'인 조선인을 가려내는 방법은 말을 시키는 것
이었다. 숫자를 세어 보게 하고 일본어 발음이 시원치 않으면
끌어내었다. 오키나와인, 대만인 등도 당했고, 사투리가 심한
변두리 출신 일본 본토인마저 희생되었다. 소통을 위한 도구인
말이, 배제와 죽임의 도구가 되었다.

　100년이 지난 지금도 세상은 크게 달라지지 않았다. 한편으로는
추도는커녕 엄연히 벌어진 역사적 사실조차 인정하지 않는 일이 되
풀이되고, 다른 한편으로는 새롭게 벌어진 갈등의 현장에서 또다시

말이 올가미로 작용한다. 'palyanitsya', 우크라이나 가정에서 구워먹는 빵의 일종. 전쟁이 터지고, 우크라이나에서는 러시아 공작원을 색출하기 위해 이 말을 발음하게 하였다. 'palyanitsa', 용의자는 대개 어미 부분을 다르게 발음하여 정체가 탄로났다.

세상은 달라지지 않은 정도가 아니라 더 나빠진 것 같다. 나라와 민족과 언어가 다른 것도 아닌데, 분열과 대립이 격화된다. 같은 말을 쓰는데도 말이 안 통한다. 2020년 11월에 치러진 미국 대선 결과에 불복한 군중이 2021년 1월, 의회에 난입하여 무력 점거하였다. 사상자마저 나온 폭동이었고, '민주주의의 상징'이었던 미국은 '민주주의 추락의 상징'이 되었다. 세계를 하나로 묶는, 쌍방향 소통의 장으로 기대되었던 인터넷과 각종 온라인 소통수단은, 21세기 이후 상생과 공존의 장이 아니라 알고리즘을 통한 유유상종과 양극화, 확증 편향 강화의 통로로 더 기능하는 듯하다. 미국은 민주주의 19개국 중 정치적 양극화와 갈등 정도가 두 번째로 강한 나라가 되었다.[1]

이를 넘어서는 1위가 우리나라, 한국이다. 거의 모든 사안이 '정치화'하여 해석되고, 자극적인 문구의 섬네일로 장식한 정치 영상이 유튜브에 차고 넘친다. '사이다' 발언을 넘어 온갖 허언

1 　2022년 Pew Research Center 조사.

과 조작으로 조회수를 올린다. 심심치 않게 정치 채널들이 국내 슈퍼챗 순위 1위를 기록한다. "총만 안 들었다 뿐, 내전에 가까운 적의가 우리 사회를 뒤덮고 있다"(정치학자 박상훈). 매일같이 우리는 '합리적 의사소통'의 가능성이 아니라, 불가능성을 경험하며 낙담한다.

하지만 체념하기에는 아직 이르다. 같은 말을 써도 소통이 아니라 불통이 되고, 이해가 아니라 오해가 되는 것은 인생 세간의 오랜 고질병이기도 하기 때문이다. 그런 만큼 또 치유의 해법이 없지는 않을 것이다.

> 자로가 공자에게 "위나라 임금이 선생님을 모시고 정치를 하게 된다면 선생님은 무슨 일을 먼저 하시겠습니까?" 하고 물었다. 공자가 대답했다. "그렇다면 반드시 명실名實을 바로잡겠네."
>
> ―《논어》, 〈자로〉 편 3장

옛 성현의 말씀에 힘입어, 말이 쉽게 통하지 않는다 해도 공론의 기초가 될 핵심 키워드에 대한 이해의 기반을 넓히고, 공론장을 꾸준히 활성화시키는 것, 이것이 우리의 목적이다. 잠시 강연 기획의 취지문을 옮겨 본다.

우리는 언론·사상·표현의 자유를 누리는 민주화된 세상에 살고 있습니다. 다양한 생각과 주장들이 만발하는 다원화된 세상이기도 합니다. 차이와 갈등이 존재하는 것은 지극히 자연스런 일입니다.

그러나 그 정도가 지나쳐 대립과 적대로 갈 때 사회는 위기에 빠집니다. 위기를 해결할 말(언어)조차 편의적으로 쓰거나 오남용할 때 혼란은 더욱 가중됩니다.

도헌학술원에서는 몇 년 동안 공론장을 달군 중요한 개념 10개를 선정하여 그 본래의 의미와 역사적인 변화, 그리고 최근 한국 사회에서의 활용 방식 등을 따져보고, 내실 있는 의사소통의 발판을 마련하고자 '키워드 한국 공론장'을 기획했습니다. 주제별로 전문가분들을 모시고, 학문적인 개념 정리를 기초로 한 대중적 강연의 한마당을 열고자 합니다. 뜻있는 분들의 많은 관심과 참여를 부탁드립니다.

위와 같은 취지로 2023년 상반기와 하반기에 걸쳐 10번의 강연을 준비하였다. 2023년 기획의 대주제에 해당하는 '정의와 공정'을 개별 주제에 앞서 공론장의 초석을 다지고자 맨 앞에 배치하였다. 개별 주제들은 다시 둘로 나뉜다. 상반기에는 요 몇 년 사이 한국 사회에서 '정의와 공정'과도 관련되어 뜨거운 논의가 이루어진 대상이자 문제 해결의 당사자가 되기도 하는 젠더(남녀), 노동(자), 이주민, 청년이란 키워드로 구성하였다. 하반기에는 '정의와 공정'에 이르기 위해 반드시 천착할 필요가 있는 이념 및 제도, 즉 자유주의, 복지국가, 사회적 협치, 공론장, 인권이란 키워드를 배치했다.

우선 상반기에 이루어진 강연을 토대로, 다섯 편의 글이 집필되었다. 이를 모아 〈키워드 한국 공론장〉의 첫 권을 2024년 상반기에 출간하였고, 이제 두 번째 책을 펴낸다.

1장 "자유/자유주의란 무엇인가?: 사회구성주의적 이해"(김비환 성균관대 명예교수)에서는 사회구성주의적 관점에서 자유 개념의 역사를 제시한다. 이에 따르면, 자유는 인간이 특정한 시공간적 조건 속에서 자신의 도덕 능력을 실현하는 가운데 사회적으로 형성된다. 예컨대, 근대의 자유 개념은 부르주아계급이 주도한 시민혁명을 바탕으로 국가와 법제도를 새롭게 정비하려는 노력 속에서 정립되었다. 특히 사회계약론은 홉스, 로크, 루소를 거치면서 점차 국가의 권력을 제한하고 개인의 자유를 증진시키는 방향으로 발전했다. 현대의 자유 개념은 정의 혹은 공정성과 밀접한 관계를 맺는데, 이는 오늘날의 사회가 평등 혹은 복지와 함께 이 개념을 고려하기 때문이다. 수십년간 자유(주의)에 대해 천착해온 필자의 깊이 있는 정리가 돋보인다.

2장에서는 "복지란 무엇인가?: 1·2차 보편복지 논쟁을 통해 본 복지의 참뜻"(양재진 연세대 교수)을 다룬다. "자원의 제약하에서 누구에게 얼마만큼의 복지급여를 지급해야 하는 것일까?"라는 질문 아래 저자는 복지국가의 역사와 한국의 무상급식 및 기본소득 논쟁을 살펴보고, 우리에게 익숙한 보편주의 대 선별주의의 대립구도로는 복지제도를 평가하기에 불충분함을 지적한다. 이론과 정책 양면에 걸쳐 식견과 경험을 겸비한 필자는 프로그램 수준에서의 보편주의와 체제 수준에서의 보편주의를 구분하고, 보편주의와 구분되는 기본소득의 '무차별주의'적 성격 등도 짚어 내며, 보편주의와 선별주의 할당의 원리를 잘 조합한 복지급여의 필요성을 대안으로 제시하고 있다.

3장 "사회적 협치와 공정의 균형 찾기: 최저임금위원회의 경험을 중심으로"(박준식 한림대 교수)에서는, 자신의 경험을 바탕으로 지난 5년간의 최저임금위원회 활동을 '사회적 협치'와 '공정의 균형'이라는 두 측면에서 조망한다. 최저임금은 노동자와 사회적 약자의 불이익을 막고자 사회가 노동시장에 개입하여 법정 최저임금을 결정하는 제도다. 우리나라의 최저임금위원회는 사회적 협치의 방식으로 운영되며, 이해 당사자인 노측과 사측 외에 공익위원을 두어 토론, 협상, 의결 과정을 주도하게 한다. 필자는 직접 몸담아 고투했던 지난 경험을 반추하면서 그동안 부딪혔던 고민을 독자와 공유하고자 하며, 이해 당사자들의 불만을 조정하는 동시에 협상을 촉진하는 공익적 행위자의 중요성을 강조한다.

4장 "한국 사회 소통비판을 위한 공론장 개념의 재구성"(이준웅 서울대 교수)에서는, 하버마스의 공론장 개념을 고전적인 의미의 합리적 의사소통의 장으로만 해석할 경우, 현 시대 한국 사회의 현실과 부합하지 않거나 모든 의사소통의 장을 공론장으로 보게 되며, 동시에 공론장의 문제의식과 규범의 필요성을 상실하고 만다는 중요한 문제 제기를 한다. 나아가 공론장에 대한 비판을 수렴하고, 각종 의사소통의 장을 포괄하는 다중적이고 다차원적인 새로운 공론장 개념을 재구성하여, 개별 영역, 교호 영역, 공통 영역의 3개 영역과 이를 관통하는 행위, 가치, 기능, 소통 규범을 정리해 낸다. 이는 한국의 공론장이 실제적 효력을 발휘하는 비판이 아닌 소모적 비난이 횡행하는 마당이 되고 만 현실을 개선하고 돌파하려는 이론적·실천적 제안이다.

5장 "인권: 우리 시대의 정치도덕"(송지우 서울대 교수)은, 현재 '인권'이 일상적 용어가 되었으나 이에 관한 개념과 역사는 간단치 않은 동시에 만만치 않은 쟁점을 품고 있음을 보여 준다. 필자는 제2차 세계대전 이후에 세계적으로 확산된 정치현상이라는 관점에서 이를 검토하며, 인권은 국제적 관심사항이라는 점에서 여타 권리와 구별된다는 점을 강조한다. 또한 20세기 이후의 국제인권규범이 차별과 폭정에 맞서는 중요한 역할을 한 의의에 대해서도 평가하면서도 '강대국의 위선적 억압 기제로 작용한다', '서구 중심적이다', '경제 불평등을 해결하지 못했다' 등의 비판도 역시 검토하고 성찰한다. 더하여 새롭게 전쟁과 기후위기가 도래하는 시대 속에서 인권의 역할과 미래에 대해 전망한다. 우리 모두 피해 갈 수 없는 화두이다.

'말'을 '배제'의 도구가 아닌 '소통'의 도구로 쓰기 위한 본 기획의 취지에 맞게, 다섯 편의 글은 모두 해당 주제와 키워드에 관한 잘못된 관념이나 편향을 짚어 내고, 이를 넘어설 때에 해법에 다가갈 수 있음을 시사한다. '오해'를 넘어 '이해'로!

우리의 작은 시도가, 안 그래도 혼란스러운 현실에 혼란을 더하지 않고, 조금이라도 명실名實을 바로잡고, 공론장을 효과적으로 활성화하는 데 기여할 수 있기를, 또 우리 사회가 지금보다 몇 걸음이라도 더 정의롭고 공정한 사회로 나아가는 데 도움이 되기를 바란다.

아울러 이번 기획과 관련된 구체적인 실무는 본 기획팀이 맡아 하였으나, 기획의 큰 윤곽과 연사·필진 구성은 한림대학교 도헌학술원 송호근 원장님이 주도하신 것임을 밝혀 둔다. 또 대학과 사회에 이바지하고자 학술원을 설립하셨던 고故 도헌 윤대원 일송학원 이사장님의 물심양면 아낌없는 지원이 없었다면 이 기획은 시작될 수 없었을 것이다.

끝으로 크고 작은 실무 전반에서 없어서는 안 될 역할을 해준 이석희 연구원을 비롯한 학술원 구성원분들과, 한 권의 책을 완성하기까지 세심하게 손을 보아 준 나남출판사 여러분들께 감사드린다.

한림대학교 도헌학술원 키워드 한국 공론장 기획팀
이지원(일본학과 교수)
엄한진(사회학과 교수)
성기현(철학 및 인문콘텐츠융합전공 교수)

차례

1장

자유/자유주의란 무엇인가?
사회구성주의적 이해

김비환

1. 자유에 대한 사회구성주의적 이해

사회구성주의는 자유를 특수한 시공간에서 사회적으로 구성된 가치로 이해한다. 다시 말해, 특수한 시공간에서 인간이 자신의 본원적 도덕 능력을 실현하고자 하는 열망이나 그런 능력의 실현을 방해하는 권력, 착취, 억압, 공포, 결핍 등에 대한 저항을 집단적으로 표출할 때 자유라는 사회적 가치가 구성되는 것으로 본다. 인간의 도덕적 능력은 모든 문명을 구성하는 근본적인 인간학적 전제다. 그 능력을 얼마만큼 보호 또는 증진시키며 어느 정도까지 통제하는 것이 바람직하다고 여기는지는 문명과 사회마다 차이가 있다. 그러나 자유가 인간의 근원적 도덕 능력과 구체적 사회 상황의 긴장 속에서 강력한 집단적 열망 혹은 사회적 이상으로 구성된다는 점은 공통적이다.

다음과 같은 몇 가지 사례는 자유가 사회적으로 구성된다는 주장을 이해하는 데 도움이 된다. 고대의 그리스에서 시민은 정치참여의 경험을 지칭하기 위해 자유 개념을 사용했고, 로마의 시민이 노예의 예속된 삶과 스파르타쿠스의 반란을 지켜보면서 자유를 자의적 지배를 받지 않는 상태, 곧 비지배non-domination로 이해하게 된 현상은 자유가 특수한 시공간에서 구성되는 가치임을 예시해 준다. 또한 근대 초 유럽에서 발생한 종교전쟁을 통해 종교적 자유 혹은 양심의 자유가 확립되었고, 절대주의에 대한 의회의 투쟁을 통해 시민적 자유가 확립되었으며, 노동자와 소작농의 성장과 끈질긴 요구를 통해 정치적·사회적 자유가 확립되었다. 이 일련의 현상도 자유가 사회적으로 구성된 가치임을 예시해 준다.

물론 자유를 이해하는 다른 접근 방식도 있다. 분석철학은 그중 한 사례이다. 이 접근 방식은 자유 개념이 형성된 역사적·맥락적 조건을 고려하지 않고, 지금 우리가 사용하는 자유 개념의 구체적인 의미를 명료하게 드러내 줌으로써 자유에 대한 합리적인 토론과 결론을 유도한다. 하지만, 분석철학은 자유 개념을 그것이 형성된 사회정치적인 맥락에서 분리시켜 설명하기 때문에, 자유에 관한 실질적인 문제들을 해결하는 데 한계가 있다. 그런 접근 방식은 어떤 자유가 가치 있고, 무엇이 개인적 자유에 대한 제약이나 간섭으로 간주되며, 자유를 고려하는 것과 다른 사항(가치)이 충돌할 때 어떤 행동을 취할지에 대해 답을 주기 어렵다.

분석철학적 접근의 한계를 두고 볼 때 **인간의 본원적인 도덕 능력이 특수한 자유 개념으로 구체화되는 '사회적 구성과정'을 역사적으로 분석하고, 역사적으로 구성된 다양한 자유 개념의 상호관계를 조리 있게 설명하는 것이 자유 개념과 자유주의를 이해할 수 있는 가장 적절한 방법이다.** 그러므로 이 글에서는 자유를 사회적으로 구성된 가치 혹은 이상으로 간주하고, 자유 및 자유주의의 진화 과정을 역사적으로 살펴보고자 한다.

2. 정치적 자유에서 비정치적 자유로

서양에서 자유는 원래 정치적인 개념으로 출발했다. 즉, '정치적 자유'가 일상적인 사실로 알려져 있던 아테네 민주정의 정치적 경험에서 자유의 기원을 찾을 수 있다. **하지만 정치적 자유는 고전 시대 이후 '사회적 영역**social realm**'이 출현하고 확대됨에 따라 철학적이며 종교적 (기독교적) 자유 개념으로 대체되기 시작했다.** 이런 변화는 무엇보다

고대 그리스의 폴리스 체제가 아테네의 민주정과 함께 몰락한 데 기인했지만, 민주정치가 아테네 몰락의 근본 요인이라고 강조한 철학자들의 영향 때문이기도 했다. 이들은 아테네의 민주정치가 극성기, 전성기에 이른 시기에도 정치생활은 철학적 삶에 도움이 되지 않거나 오히려 장애가 된다고 보았으며, 철학적 삶이야말로 살 만한 가치가 있는 삶이라고 주장했다.

자유시민의 특권이었던 정치적 자유에 대해 철학자들이 보인 거부는 자유를 공적 세계에서 경험되는 것과 대비되는 인간 내면의 어떤 느낌이나 상태로 이해하도록 유인했다. 이처럼 **내면의 자유 혹은 "인간의 자아 속에 있는 절대적 자유"는 반민주적인 철학자들과 정치적 자유를 경험하지 못했던 사람들이 정치적 자유의 대체물로 찾아낸 것으로, 정치적 자유 개념에서 파생한 것이다.**

《과거와 미래 사이》(2005)에서 아렌트Hannah Arendt는 인간 내면의 자유가 지닌 비정치적·파생적 성격을 노예 출신 스토아 철학자 에픽테투스Epictetus의 예에서 확인한다. "에픽테투스는 공적인 세계 안에서의 관계를 인간 내면의 자아에 대한 관계"로 바꿔 놓았다. 그는 "어떤 힘도 인간이 자신을 상대로 휘두르는 힘만큼 절대적일 수 없으며, 인간이 자신과 싸우고 자신을 정복하는 장소인 내면의 공간이 세계 내의 어떤 다른 안식처보다 훨씬 더 완전한 자신의 소유물이라는, 즉 외부의 방해로부터 더욱 안전하게 방어되는 공간이라는 사실을 발견했다."[1] 그러므로 인간 내면의 자유 개념은, 서구의 철학 전통에서 엄청난 영향을 행사해 왔으나 사실은 인간이 정치적 자유를 먼저 경험했기 때문에 알 수 있게 된 자유 개념이었다.

정치적 자유가 처음 출현했던 고대의 폴리스를 배경으로 해서 보면 오늘날 우리가 사용하는 정치와 자유 개념이 원래의 자유 개념과 얼마나 다른지를 이해할 수 있다. 하지만 우리는 중세적이거나 근대적인 자유 관념에 익숙하기 때문에 오히려 근원적인 정치적 자유를 시대착오적이거나 잘못된 자유 개념으로 오해하게 되었다.

왜 이런 변화가 일어났는가? 아렌트는 중세 이후 '사회적인 영역'의 출현에서 그런 변화의 배경을 찾았다. '사회적인 영역'은 원래 '사적 영역 private realm'에 속했던 것들이 공적인 의미를 갖게 되면서 등장한 범주로, '공적인 것'의 의미를 변경시킨 동시에 정치에 관한 근대인의 인식을 바꿔 버렸다. 이제 정치는 '사적 영역'을 전국가적으로 확대한 국민경제 national economy를 관리하는 문제로 전환되었다. 근대적 자유 개념들은 이런 거대한 역사적

---

1 한나 아렌트 지음, 서유경 옮김(2005),《과거와 미래 사이》, 푸른숲, 201~202쪽. Arendt, Hannah(1993), *Between Past and Future: Eight Exercises in Political Thought*.

전환 과정에 수반한 정치·사회·문화적 변동 속에서 각자의 이익, 선호, 가치 그리고 열망을 실현하고자 했던 다양한 사회세력이 부딪히는 공간 속에서 형성되었다.

3. 근대적 자유 개념의 형성 배경

르네상스, 과학혁명, 종교개혁 등 굵직굵직한 역사적 사건은 인간이 자신과 사회 그리고 자연을 인식하는 방식에 근본적인 변화를 초래했다. 이런 변화는 17세기에 확립된 민족국가 체제를 배경으로 새로운 사회정치적 사조들이 형성되는 데 지대한 영향을 미쳤다.

한편, 근대 국가는 나날이 치열해지는 국가 간 경쟁에 대응하기 위해 인민을 통합하고, 인적·물적 자원을 효율적으로 관리할 수 있도록 권력을 증대할 필요가 있었다. 반면에 전통적인 제도와 관행 그리고 문화의 억압으로부터 벗어나 자신의 자율성과 개성을 자유롭게 표출하기를 원했던 새로운 개인들은 급성장하는 국가권력의 위협에 대항해 자신이 주권적 삶을 누릴 영역을 확보하고자 치열하게 투쟁했다.

근대 시민혁명은 급성장한 부르주아계급이 중앙집권화 된 국가권력을 자신들에게 유리한 방식으로 통제하기 위해 일으킨 정치적 사건

으로, 정치권력을 법적·제도적으로 통제할 수 있는 다양한 방법을 고안하도록 자극을 주었다. 이런 배경에서 형성되기 시작한 근대 헌정주의는 권력 집중 및 권력의 효율적 사용을 지향했던 근대 국가의 필요와, 국가의 권력을 제도적으로 제한함으로써 개인의 자유와 권리를 보호하고자 했던 경향이 타협하면서 확립되었다.

근대 국가와 법제도에 대한 정당화는 보통 개인이 자연상태라는 가상의 상황에서 직면하는 딜레마를 극복하기 위한 합리적인 대응책을 모색하는 방식으로 전개된다. 개인이 무정부적 자연상태에서 자연권을 무분별하게 사용함으로써 발생하는 전쟁 상황은 모든 개인에게 공포감을 유발하고 생존과 안락한 삶에 대한 동경을 불러일으킨다. 이런 공통된 정념이 이기적인 개인으로 하여금 정치사회를 구성하도록 유인한다. 그렇게 수립된 국가는 정치질서를 유지하는 데 필요한 정치규범과 강제력 그리고 그것들을 실행에 옮길 수 있는 제도와 기구를 수립하는 동시에 개인 사이의 관계를 규정하는 권리와 의무의 체계를 확립한다.[2]

그러나 수립된 국가 자체가 딜레마가 된다. 로크 John Locke의 표현을 빌리자면, 이 딜레마는 자연상태의 개인이 늑대의 위험을 피하기 위

---

2 특히 홉스(Thomas Hobbes)는 절대군주가 통치하는 국가를 리바이어던으로 불렀는데, 리바이어던은 성서의 욥기에 나오는 괴수로 강력한 절대국가를 상징한다.

해 사자의 품으로 들어간 상황으로 그림 그릴 수 있다. 국가는 전능에 가까운 권력을 지니고 있기 때문에 자연상태의 개인이 서로에게 가하는 위협보다 훨씬 더 치명적인 위협을 가할 수 있다. 절대주의 시대 군주가 보여준 학정虐政과 횡포 그리고 사치는 자연상태의 위험에 비해 정치사회의 위험이 훨씬 더 크고 치명적일 수 있음을 보여 주었다.

따라서 **새로운 딜레마가 된 국가권력을 통제함으로써 개인에게 안전하면서도 자유로운 삶을 영위할 수 있는 질서를 확립하는 것이 절박한 과제로 대두했다.** 영국의 시민혁명에서 미국의 독립혁명 그리고 프랑스 혁명으로 이어지는 일련의 혁명은 자유의 가치를 알게 된 시민과 여러 집단이 리바이어던이라는 절대국가를 길들이기 위해 사투를 벌인 사건들이었다.

이런 측면에서 볼 때 홉스에서 로크 그리고 루소Jean Jacques Rousseau로 이어지는 서구정치사상 전통에서 인민주권 원칙을 점진적으로 확립하는 과정은 역사적으로 큰 의미가 있다. 홉스는 자유를 '외부적인 장애의 부재'로 명확히 정의함으로써 자유 개념에 관한 논쟁사의 출발을 알렸다. 로크는 홉스의 사회계약 이론과 주권 개념을 비판적으로 계승하여 자유주의적인 국가이론과 권력분립이론을 제시하였고, 루소는 주권이론과 민주주의 이론을 결합시켜 참여민주주의 체제를 옹호한 한편으로 자기입법

및 자기규제라는 적극적 자유 개념을 제시했다. 이제 이 논쟁의
과정을 간략히 살펴보기로 하자.

4. 홉스의 자유 개념과 자유주의 정신

홉스는 자유를 소극적으로 규정했다. 그는 자유인에 대해 다음과 같
이 말했다. "자유인이란 '자신의 힘과 지력으로 할 수 있는 일에
대하여 자기가 하고자 하는 것을 방해받지 않는 인간'을 의미한
다. … '자유의지'라는 것도 의지·의욕·성향을 가지고 어떤 일을
하는 데 어떤 제지도 받지 않는다는 것을 뜻한다."[3] 소극적 자유
를 정치사회를 배경으로 다시 정의하면, **자유는 주권자의 명령인
법률에 저촉되지 않는 한, 모든 행위를 할 수 있는 기회 혹은 조건이다.**
　주권자의 명령인 법률은 주권자를 제외한 모든 개인에게 평등
하게 적용되므로 홉스의 자유 개념은 법 앞의 평등 원칙과 한 쌍
을 이룬다. 이론상 주권자가 법적인 금지를 최소로 유지할 경우,
개인은 절대군주의 통치하에서도 많은 자유를 누릴 수 있다. 즉

3　토머스 홉스 지음, 최진원 옮김(2009), 《리바이어던》, 동서문화사, I권 21장. Ho
　bbes, Thomas(1651), *Leviathan, or The Matter, Forme and Power of a Common-
　Wealth Ecclesiastical and Civil*.

자유롭게 계약하고 상품을 거래하며 직업을 선택하는 등 충분히 자유를 누릴 수 있다.

홉스는 자연상태에서 누린 멋대로의 자유를 법률하에서의 자유로 전환시킴으로써 개인이 서로를 파괴하는 방식으로 자유를 행사하는 것을 방지하고자 했다. 홉스가 강력한 군주정을 옹호한 것은 시민사회에 상호신뢰를 심어주기 위해서였다. 개인의 자유를 제한하기 위한 것이 아니라 평화와 질서 속에서 자유를 향유할 수 있는 합리적인 방법을 제시하는 데 주된 목적이 있었다.

하지만 홉스가 소극적 자유를 극대화하는 데 주력하지 않았던 것은 분명하다. 이것이 그를 자유주의자로 분류하기 어려운 핵심 사유다. 그의 주권이론은 일반적으로 자유주의 정치사상 전통이 강조하는 권력분립 원칙 및 반反온정주의적인 경향을 결여한다.

그럼에도 불구하고 홉스가 절대군주정을 옹호하기 위해 채택한 전제나 가정은 완벽히 자유주의적이었다. 홉스가 옹호한 체제에는 개인이 자유롭게 활동할 수 있는 여지가 충분하다. 또한 홉스가 종교적 권위와 성직자계급에 가한 신랄한 비판은 자유주의 정치이론을 뒷받침한 합리주의 정신으로 가득 차 있다. 홉스의 정치사상이 지닌 이런 요소 때문에 오늘날은 홉스를 자유주의자로 재해석하는 입장이 상당한 지지를 받는다.

5. 로크의 자유 개념과 자유주의

로크는 홉스의 사상에서 비자유주의적인 요소를 제거하고 자유주의적인 요소로 채웠다. 로크는 개인이 자연상태에서 누렸던 대부분의 자연적 권리(자유)를 그대로 향유하면서도 자연상태의 위험과 불편함을 피할 수 있는 국가형태를 추구했다. 자유주의 국가가 그 결과였다.

로크가 옹호한 자유에는 두 가지 측면이 있다. 하나는 법률하에서의 자유라는 공화주의적 측면이고, 다른 하나는 개인이 타인과 국가의 간섭을 받지 않고 자신의 삶을 주체적으로 살아갈 수 있는 합리적 능력의 측면이다. 법률은 개인의 행위를 제약하지만 서로 공격하거나 억압하는 것을 막아줌으로써 개인이 자신의 삶을 안전하고 자유롭게 영위할 수 있게 해 준다.

자유에 대한 발전적 인식이 반영된 로크의 정치사상에는 개인에게 최대한 자연적 자유를 보장해 주려는 강력한 자유주의적 지향이 나타나 있다. 로크는 자연상태의 개인들이 정치질서를 수립하기로 동의할 수 있었던 것은 그것이 각자의 생명·자유·재산을 안전하게 지킬 수 있는 최선의 방법이라는 인식을 공유했기 때문이라고 보았다. 다시 말해, 자연권을 안전하게 향유하기 위한 공동의 동의와 노력으로 자유주의 국가가 수립된 것이다.

로크는 정치권력이 소기의 목적을 달성하기 위해서는 홉스적인 주권이론과 권력구조를 탈피할 필요가 있다고 보았다. **공권력은 모든 개인을 평등하게 보호해 주어야 한다는 근본규범의 제약을 받아야 할 뿐만 아니라, 권력집중이 야기할 수 있는 폭정의 위험을 낮추기 위해 적절히 분할될 필요가 있다.** 로크가 제안한 입법권과 집행권의 분리, 입법권의 우월성 원칙, 법률로 제한하는 다수결 주의 등은 그런 목적을 달성하기 위한 구체적인 제안들이다. 요컨대, 로크 정치사상의 전반적 의의는 무엇보다 자유의 의미를 내적으로 심화시키고 외적으로 확장시켰을 뿐만 아니라, 그렇게 재규정된 자유를 실현하는 데 필요한 제도적 조건을 진지하게 고민하기 시작했다는 점에 있다.

6. 루소의 자유 개념

루소는 로크에 의해 자유주의적으로 정립된 사회계약 이론을 민주주의를 확대 · 강화시키는 방향으로 발전시켰다. 1789년 프랑스 혁명이 발생하기 전 대부분의 계몽주의 철학자는 프랑스의 전제군주정과 종교적 박해를 신랄히 비판하고 입헌군주정이나 계몽전제주의를 옹호했다. 하지만 루소는 모든 개인이 평등한 시민으로서 일반의지 형성에 참여할 수 있는 참여민주주의 체제를 제안했다. 루소는 새로운 자유 개념으로 이 체제에 대한 구상을 뒷받침했다. 자유를 소극적으로 규정하지 않고, 공동체의 집단적 의사결정에 직접 참여하는 행위로 규정했다. **자유는 자신이 만든 법에 스스로 복종하는 '자치'의 능력이다.** 이른바 자기입법 self-legislation 으로 정의할 수 있는 이 자유 개념은 자발성을 존중하는 자연교육을 통해 계발되며, 모든 개인이 평등하게 자유를 행사하는 참여민주주의 체제에서 실현된다. 자기입법으로서의 자유 개념은 독일의 칸트가 더욱 정교화한다.

　루소는 또 다른 자유 개념을 시사했다. **루소는 공적인 영역에서 겪은 좌절을 어느 정도 상쇄시켜 줄 수 있는 개인 내면의 경험도 중요시했다. 이것이 근대인에게 중요해진 자유의 한 측면을 시사했다.** 예컨대, 《신新 엘로이즈》에서 펼쳐진 낭만적인 사랑 이야기가 시사하는 것은 사회 혹은 공적인 문제와 상관없는 순수한 개인적인 구원의 길이다. 인간은 부패한 사회 속에서도 타인과 순수한 공감적 유대를 맺음으로써 내면의 순수성과 진정성을 지킬 수 있다. 이처럼 루소는 자유를 공적이고 정치적인 측면에서 규정했다. 한편, 진정성으로서의 자유 개념을 통해 자유 개념이 새로운 방향으로 진화할 수 있는 가능성도 시사했다.

7. 프랑스 자유주의 전통: 몽테스키외, 콩스탕, 토크빌

프랑스 자유주의 사상은 루소보다 한 세대 앞서 살았던 몽테스키외Montesquieu에 의해 확립되었다. 그의 자유주의 사상은 무엇보다 부르봉 왕가의 전제정치에 대한 혐오를 반영했다. 전제정치는 권력집중, 종교적 불관용, 군사적 명예 추구, 재정상의 부채와 부실관리 등으로 특징지을 수 있으며 무엇보다 신민들의 마음에 공포를 불러일으키는 방식을 사용해 통치한다. 전제정치에서는 모든 신민이 다 평등한 취급을 받는다. 하지만 전제정치에서 신민이 평등하게 취급되는 이유는 (공화국에서와 달리) 모든 사람을 다 똑같이 보잘것없는 존재로 간주하기 때문이다. 한마디로 전제정치는 군주의 본능적인 행위와 비이성적인 의지에 따라 통치하는 정치형태다.

몽테스키외는 시민의 도덕적·종교적 덕성에 의지했던 고전적 공화정의 비현실성을 인식하고, 애국심과 법에 대한 사랑 및 상업이 함양하는 검약, 절제, 노동, 지혜, 질서, 규칙성과 같은 가치가 지배하는 상업공화정을 옹호했다. 상업공화국이 인간의 본성에 적합한 체제로, 부와 합리성의 증진, 온순한 성품의 증진에 기여한다고 봤다.

몽테스키외에 의하면 자유는 온건한 제한정부에서만 존재한다. 이

때 자유는 법이 금지하지 않는 모든 일을 할 수 있는 권리, 곧 소극적 자유를 의미한다. 자유시민이 가장 원하는 것이 공포에서 벗어나는 것이라고 볼 때, 몽테스키외의 자유 관념은 포괄적인 안전을 의미한다. 나아가서 몽테스키외는 개인에게 안전을 보장해 주기 위해서는 전제군주를 제어할 수 있는 법과 제도, 권력분립, 그리고 성직자와 귀족 같은 중간집단들이 필요하다고 역설했다.

콩스탕Benjamin Constant은 프랑스혁명 이후 혁명주의자들이 몽테스키외의 중용(혹은 절제)moderation 정신을 버리고 공포정치를 감행하고, 또 그에 대한 반동으로 나폴레옹 보나파르트가 전제정치를 감행하자 현상을 분석하는 데 새로운 자유 개념 분류법을 사용했다.

콩스탕에 의하면 보나파르트가 권력을 찬탈할 수 있었던 것은 프랑스 혁명주의자가 근대적 자유의 본질을 잘못 이해했기 때문이다. 혁명주의자들은 고대인의 자유, 곧 능동적인 공적 영역 참여를 근대 상업사회에 적용하려고 시도했다. 그러나 **근대인은 공적인 관심사를 벗어던지고 개인적인 관심사에 몰입하면서 삶의 의미와 기쁨을 추구한다.** 이것은 고대인이 알지 못했던 새로운 종류의 자유로, 고대인의 자유에 대비되는 근대인의 자유다.

콩스탕은 새로운 상업사회 풍토에 맞는 정부형태를 모색했다. 몽테스키외가 주장한 권력의 분할과 균형 원리를 채택했으며,

영국의 정치체제를 참고하여 사법부의 독립, 언론 자유, 입헌군주정 그리고 지방정부의 자치 강화를 주장했다. 경제 영역에서는 국가의 간섭과 보호를 배격하고 자유경쟁을 옹호했으며, 조세 경감, 공정 과세, 상속의 자유, 이민의 권리 등이 갖는 중요성을 역설했다.

마지막으로 콩스탕은 고대인의 자유도 근대인의 삶에 기여할 수 있는 여지가 있다고 봤다. 만일 시민이 사적인 삶에 몰입한 나머지 국가가 운용되는 방식에 전혀 관심이 없다면, 다시 말해 완전히 탈脫 정치화되어 버린다면, 위정자들과 권세 있는 자들이 권력을 남용하여 그들의 독립적인 사생활의 자유를 침해할 개연성이 있다. 따라서 **근대인은 독립적인 생활의 자유를 향유하기 위해서라도 정치권력이 부패하거나 집중되는 현상을 막기 위해 고대인의 자유도 어느 정도 행사할 수 있어야 한다.**

전제주의에 대한 토크빌Alexis de Tocqueville 의 진단은 몽테스키외 및 콩스탕의 진단과는 다소 차이가 있다. 몽테스키외가 1인의 통치자가 국민 전체에 가하는 전제정치에 주목했다면 콩스탕은 (찬탈에 대한 분석에서) 국민주권의 이름으로 1인의 통치자가 행하는 전제정치에 주목했다. 반면에 **토크빌은 민주적 다수가 소수에 가하는 폭정에 주목했다.** 다시 말해 국민 다수의 의견, 편견, 이익 그리고 열정이 지나치게 강한 나머지 소수의 의견과 이익이 너무 쉽게 묵살되어 버리는 현상을 우려했다. **다수의 여론은 입법과 행정을 불안정하게 만들었을 뿐만 아니라, 무엇보다 사회의 여론을 소수자에게 일방적으로 강요하는 폐단을 낳았다.** 이런 사회에서는 대중이 지배적인 여론에 무조건적으로 동조하는 순응주의적 문화가 조성되기 쉽다. 이처럼 미국에서 출현한 새로운 전제주의는 유럽의 전제주의에 비해 매우 은밀하고 부드럽게 작동했다. 그것은 부드러우면서도 광범위한 영향을 미치고, 사람들을 괴롭히지 않으면서도 지배하는 새로운 전제주의였다.

8. 계몽주의에 대한 낭만주의의 반발

18세기에 유럽에서 발원한 계몽주의는 인간이 이성을 통해 자연과 사회 그리고 인간의 마음을 지배하는 법칙을 발견하고, 발견한 법칙을 통해 자연과 사회 그리고 인간의 행위를 질서정연하게 설명·규제할 수 있다는 신념을 추구한 지적·도덕적 운동이었다. 자연과학에서는 자연의 존재 법칙을 규명하여 앞으로 발생할 모든 자연현상을 예견·통제함으로써 인간의 행복을 증진시킬 수 있다고 보았으며, 정치학에서는 인간의 심리나 본성의 법칙을 이해함으로써 모든 사람이 평화와 안전을 누릴 수 있는 질서

정연한 사회 질서를 창출할 수 있다고 기대했다. 미학과 예술 또한 절대적이고 보편적인 미의 형식을 찾아내어 다양한 아름다움을 표현할 수 있다고 기대했다.

그럼에도 계몽주의가 내세운 단일하고 보편적인 합리성 개념은 이내 새로운 억압의 기제로 작용하기 시작했다. 계몽주의가 신봉한 보편적 합리주의는 개인이 자신의 독특한 정체성과 개성을 계발하고 표현하지 못하게 압박했으며, 사회의 법률과 제도 및 관습이 요구하는 획일적인 행동 양식에 맞춰 자신을 표현하도록 유인했다. 자신이 고유한 인격과 감정 그리고 의지를 지닌 독특한 존재라는 개별성individuality에 대한 인식은 억제될 수밖에 없었고, 그런 개체성을 마음껏 발산하기 위해 열정을 불사른다는 것은 상상하기조차 어려웠다. 요컨대 **계몽주의는 보편적인 인간성 및 그에 부합하는 행위 법칙을 발견하는 데 주안점을 두었지, 자아를 무궁무진하게 확장시키고 표현할 수 있는 가능성에는 전혀 관심을 두지 않았다.**

낭만주의 운동은 계몽주의의 억압성에 대한 반발 및 17세기 독일의 낙후한 상황에 대한 독일 지식인의 대응이 빚어낸 현상이었다. 17세기에 30년 전쟁에서 패배하자 독일의 지식인들은 외적인 문명과 내적인 문화의 이분법을 창안해 내고 내적인 문화의 중요성을 강조함으로써 독일의 자존심을 세우고자 했는데, 이런 상황

을 배경으로 등장한 경건주의 운동이 바로 낭만주의의 토대가
되었다. 경건주의는 외적인 세상에서 원하는 것을 얻을 수 없었
던 당시의 독일인이 세상의 불행에 맞서 자신을 보호하기 위해
내적인 요새로 도피한 결과였다. 이사야 벌린Isaiah Berlin의 표현
을 빌리면, "상처 입은 독일의 감수성, 끔찍한 국가적 굴욕감"⁴
을 떨쳐 버리려 몸부림치는 가운데 중산층 지식인이 중심이 되
어 낭만주의 운동을 일으켰다. 계몽주의의 억압성에 대한 점증
하는 불만과 함께 낭만주의 운동은 전 유럽으로 퍼져나갔다. 그
리고 이와 함께 새로운 자유 개념이 등장했다.

　18세기 후반 계몽주의에 전쟁을 선포한 인물이었던 요한 게오
르크 하만Johann Georg Hamann, 예술가의 창조 행위 및 언어와 문화
의 다양성에서 인간의 진정한 본성을 찾았던 요한 고트프리트
헤르더Johann Gottfried Herder, 끊임없이 이성의 자유, 자유의 왕국,
자유로운 자아, 내적 자유, 정신의 자유, 도덕적 자유, 자유로운
지성, 성스러운 자유 등에 대해 언급하며, 개인을 억압하는 모든
것들에 대한 저항이란 측면에서 자유를 규정했던 프리드리히 실
러Johann Christoph Friedrich von Schille, 인간은 자신의 창조 행위를 훼

4　이사야 벌린 지음, 강유원·나현영 옮김(2005),《낭만주의의 뿌리》, 이제이북스,
　62쪽. Berlin, Isaiah(2001), *The Roots of Romanticism: Bollingen Foundation*.

방하는 요인들과의 대립을 통해 자아를 정립한다고 주장한 요한 고틀리프 피히테Johann Gottlieb Fichte 그리고 자유와 자기표현에 지고의 가치를 두었던 슐레겔 형제Karl Friedrich von Schlegel & August Friedrich von Schlegel등을 거치며 독일의 낭만주의 운동은 전 유럽으로 확산되었다. 심지어 동유럽까지 퍼져 나갔다. 특히 조지 바이런George Gordon Byron의 모국 영국에서 열광적인 환영을 받았으며, 프랑스에서는 빅토르 위고Victor-Marie Hugo가 낭만주의의 확산에 기여했다.

낭만주의에 의해 그동안 인류가 알지 못했던 새로운 가치가 등장했다. 인간의 의지, 그것도 끊임없이 창조하는 인간의 의지라는 가치였다. 새롭게 등장한 '인간의 의지'는 결과나 목적보다는 동기를 강조하는 새로운 철학, 곧 칸트Immanuel Kant와 피히테의 철학을 성립시켰으며, 19세기 후반 니체Friedrich Wilhelm Nietzsche를 거쳐 20세기의 실존주의 철학으로 진화했다.

니체의 철학을 경유한 20세기 실존주의자들은 진정성authenticity의 가치를 지고의 가치로 내세우며, 끊임없는 자기 혁명을 통해 새로운 본질을 창조해 나가는 것이야말로 삶의 최고 목표라고 주장했다. (그런 의미에서 유일하고 궁극적인 목표는 존재하지 않는다) 실존주의자는 자기 자신에 충실한 것을 중요시한다. 다시 말해 어떤 신념이나 주장이 갖는 객관적인 가치 때문에 그것을

〈그림 1-1〉 카스파르 다비트 프리드리히, 〈안개 속의 방랑자〉(1818)

추구하는 것이 아니라 신념이나 주장이 자기 자신의 내면에서 발생했다는 사실에 가치를 부여한다. 실존주의자는 철학적인 영역에서 객관적이고 보편적인 가치와 진리가 존재한다는 사실을 전면 부인함으로써 이른바 "영원의 철학"을 파괴했다. 동시에 그와 함께 인간을 완전히 자유로운 존재, 즉 자기 자신의 본질을 끊임없이 개조하고 창조해 가는 존재로 이해했다.

이사야 벌린에 의하면 낭만주의 운동 이후 인류는 많은 변화를 겪었다. (낭만주의의 영향을 받아 형성된 파시즘의 해악은 제쳐 두고라도 말이다) 낭만주의로 인해 인류는 예술가의 자유를 알게 되었으며, 인간사에 단일한 해답은 존재하지 않는다는 사실도 알게 되었고, 서로 양립하기 어려운 수많은 가치가 존재한다는 사실도 이해하게 되었으며, 고정되고 불변적이며 객관적인 가치와 구조도 존재하지 않는다는 사실도 알게 되었다.

또한 예술이나 인생에서 완전한 진리는 존재하지 않는다는 사실도 이해할 수 있게 되었다. 현대인이 낭만주의자에게 빚지고 있는 이런 인식 방식들이 근대 계몽주의가 추구하고 조장한, 모든 질문에는 한 가지 답이 존재하고 그 답을 얻을 수 있는 방법이 존재한다는 신념을 결정적으로 허물어뜨렸다.

9. 낭만적 자유주의: 훔볼트와 밀

낭만주의 운동의 아이러니는 기존의 가치체계, 사회구조와 제도, 다져진 관습과 전통에 위협을 가한 결과 오히려 그로부터 강력한 반발에 직면하게 되었다는 사실이다. '마음의 법'을 따르기 위해 사회 제도와 법률을 거부한 낭만적 전투주의romantic militarism 나 낭만적 무정부주의romantic anarchism는 시간이 지남에 따라 자유주의적 합리주의자로부터 반격을 받게 되었다. 이런 상황에 직면하여 일부 낭만주의자는 자유주의 체제의 가치와 제도를 무조건 거부할 경우, 자신들이 추구하는 가치와 이상을 실현하기는커녕 사회로부터 완전히 배격될 수 있다는 사실을 우려하게 되었다. 따라서 그들은 기존의 구조와 체제에 대한 무조건적인 저항의 태도를 버리고 일종의 타협을 추구하게 되었다. 훔볼트Friedrich Wilhelm Christian Carl Ferdinand von Humboldt와 밀John Stuart Mill의 낭만적 자유주의가 대표적인 사례이다.

훔볼트는 자유주의적인 제도적 틀 내에서 낭만주의적 요소를 수용하여 자유주의를 새로운 방향으로 발전시켰다. 동시에 로크가 시사하고 칸트에 의해 분명하게 제시된 자율성 관념과는 상당히 다른 자유 관념을 제시했다. 이 자유 관념은 아름다운 개인성의 끊임없는 도야와 표현을 핵심으로 한다.

국가주의 및 절대주의 전통이 강했던 프러시아를 배경으로 그는 자유주의에 낭만주의적 감수성을 독특한 방식으로 녹여 냈다. 훔볼트가 볼 때 근대 국가에서 군주의 전제정치와 행정효율주의는 개인의 독립성과 차별성을 무시하고 획일화시켜 버린다. 그러므로 훔볼트는 국가가 약속하는 안락함, 편안함, 평화, 안전, 소유 등 다양한 혜택을 평가절하한다. 그가 볼 때 행복의 참된 본

질은 이런 것과 아무런 상관이 없다. 행복은 오직 끊임없이 분투하고 노력하는 가운데 개인적으로만 체험된다.

훔볼트가 도야(혹은 교양)Bildung 개념에 입각하여 성취하고자 했던 개인성 또는 인간성은 그리스인이 추구했던 단일한 인간상 human telos 과는 근본적으로 다르다. 개인이 자기 자신을 도야하는 목적은 고유성 혹은 개별성을 최대한 확장시키는 것이지 천편일률적인 하나의 완벽한 인간형에 도달하기 위한 것이 아니기 때문이다. 그래서 훔볼트는 인격 character 을 "한 사람을 다른 사람들과 절대적으로 … 구분시켜 주는 독특하고 개별적인 특성들"이라고 정의했다. 헤르더처럼 훔볼트도 인간성에 대한 진정한 지식은 분석적인 이성에 의해서라기보다는 인간의 깊은 내면에 자리 잡고 있는 직관적 능력의 도야를 통해 획득할 수 있다고 생각했다.

그렇다면 인격을 이루는 다양한 내적 힘을 어떻게 조화롭게 계발하고 발전시킬 수 있는가? 훔볼트는 사적 영역, 곧 프라이버시 영역에서 그 가능성을 찾았으며, 국가의 정당한 역할은 인격 함양에 필요한 외적 조건을 마련해 주는 데 있다고 주장했다.

훔볼트가 옹호하는 국가형태는 자유주의적이면서도 낭만주의적인 감수성이 진하게 배어 있다. **국가는 시민에게 공화주의적인 적극적 의무를 부과하지 않으며, 개인이 사생활을 자유롭게 누릴 수 있도록**

개입을 최대한 자제해야 한다.

이처럼 그의 국가이론은 전형적인 자유주의를 지향한다. 하지만 사적 자유에 대한 그의 옹호는 관례적인 자유주의와 근본적인 차이가 있다. 그가 볼 때 사적 자유가 주는 혜택은 안락하면서도 물질적으로 풍부한 삶이 아니다. 그런 것은 별로 가치가 없다. **사적 자유가 주는 혜택은 내면에 있는 고유한 능력과 힘을 조화롭게 계발함으로써 자신만의 아름다운 성품과 인격을 가꾸는 데 있다.**

훔볼트의 법치국가는 다양한 개별성을 지닌 개인이 서로의 인격과 성품을 경험함으로써 자신의 내적 잠재성을 함양하고 넓힐 수 있는 최적의 장소를 제공한다. 그는 최대한 간섭을 자제하는 야경국가의 보호하에 개인이 스스로 아름다운 개별성을 계발할 수 있을 것으로 낙관했다.

훔볼트는 자기발전과 인격도야라는 관념을 통해 사적 영역은 본유적 가치가 있고, 개인이 인격과 개별성을 발전시킬 수 있는 고유한 영역이라고 주장하기까지 했다. 이처럼 **훔볼트는 자율성이라는 자유주의적 가치를 넘어 진정성 혹은 (자아에 대한) 충실성이라는 가치를 자유주의 정치이론의 핵심적 가치로 제시했다.** 훔볼트의 진정성 개념은 개인 내면의 모든 힘, 이성은 물론 감정과 의지까지 포괄한다. 특히 계몽주의에 의해 억압되어 왔지만 낭만주의에 의해 다시 풀려난 감정과 욕망을 중요한 요소로 포함한다.

개인의 개성이 지닌 중요성을 강조했던 존 스튜어트 밀 또한 자유주의에 낭만주의적 감수성을 반영했다. 근대 대중사회에 대한 그의 관심은 '다수의 폭정'tyranny of majority 을 비판하도록 만들었으며, 일반적으로는 상업사회에 대한 우려로 나타났다.《자유론》에서 그는 사회의 순응주의적 힘에 의해 개인의 개별성이 지워질 것을 염려했다. 이런 우려에는 사회가 전체적으로 부르주아적이고 속물적이며 법률지상주의에 빠져 있다고 비판했던 낭만주의자의 탄식이 녹아 있다. 이것이 밀이 벤담의 양적 공리주의를 수정하여 질적인 공리주의를 발전시킨 이유였다.

밀은 낭만주의에 경도된 훔볼트에 비해 균형 잡혀 있다. 그는 대중적 상업사회에서 일용적 필요를 충족시키고 개인사에 몰입하면서 홀로 즐기는 삶은 지나치게 협소하고 물질주의적이며 공동의 목표의식을 결여한 삶이라고 생각했다.

사생활에 대한 몰입은 훔볼트가 기대하는 전인격적 발전이 아니라 인간성의 왜곡된 발전만을 초래할 것이라 우려했다. 이것이 바로 밀이 사생활에 대한 몰입과 공적인 참여를 번갈아 가면서 삶을 영위하는 것이 바람직하다고 본 이유였다. 즉, 공적 생활은 사생활에 몰입하는 것으로 인해 발생하는 왜곡된 인격 형성을 시정해 주는 효과가 있다고 보았다.

밀의 이런 생각에는 분명히 낭만주의적 관심이 반영되었다.

공공생활이 공동체적 일체감이나 귀속감과 같은 큰 감정을 포함하여 인간의 다양한 능력을 계발하는 데 많은 도움이 된다는 그의 주장에는 낭만주의적 감수성이 배어 있다. 이타주의는 공리주의적 계산에 근거한 것일 수도 있지만 무엇보다 감정에 의해 고무되는 것이 바람직하다. 이처럼 밀은 공공생활에 참여해야 할 사적인 근거를 제시함으로써 공적인 참여의 도구적 효과뿐만 아니라 정서적 효과도 강조했다.

그렇지만 밀의 자유주의는 훔볼트의 자유주의에 비해 계몽주의적 성격이 강하다. 밀은 합리주의와 낭만주의를 결합하려고 시도했지만 이 둘 사이에 긴장과 대립이 있다는 것을 분명히 인식했고, 둘 중에 하나를 선택해야 할 때는 망설이지 않고 전자를 선택했다. 즉, 이성(합리적 원칙 혹은 논리적 주장)과 성향(혹은 본능)이 충돌하는 상황에서는 이성을 선택했으며, 이성을 통해 (낭만주의가 부정하는) 보편적 진리를 추구할 수 있고 또 추구해야 한다고 주장했다.

10. 뉴딜과 냉전 이후 자유주의/자유의 분화

영국에서 공리주의의 세례를 받은 자유주의는 19세기 말엽에 이르러 새로운 변신을 시도했다. 19세기 중반, 고전적 자유주의의 도덕적·사회적 결함이 극명히 드러나고 사회주의가 도전하는 상황이 되었다. 이 상황은 자유주의가 새로운 방향으로 진화하도록 압력을 가했다. 마침내 헤겔의 관념론 철학에 영향을 받은 영국의 그린 Thomas Hill Green, 보즌켓 Bernard Bosanquet 등은 개인이 자아를 실현하는 데 필요한 조건을 국가가 제공해 주어야 한다고 주장하면서 새로운 자유주의 New Liberalism 를 주창했다.

고전적 자유주의는 원자론적 개인주의와 소극적 자유 개념을 바탕으로 자유방임적 자본주의 경제체제를 옹호했다. 그와 달리 새로운 자유주의는 적극적 자유로서의 자아실현은 공동체의 도덕적 지평에서만 가능하다고 주장하며, 국가가 자유 실현의 사회정치적 조건을 확충하기 위해 적극적으로 개입해야 한다고 주장했다. 이 때문에 새로운 자유주의는 개인주의적 자유주의와 대비되는 사회적 자유주의 또는 공동체주의적 자유주의로 불리고는 한다.

20세기 자유주의는 두 번에 걸쳐 큰 변화를 겪었다. 첫째는 제1차 세계대전 이후 1970년대 중반까지 계속된 변화다. 이 변화는 새로운 자유주의가 그 방향을 어느 정도 정했다고 할 수 있는데,

양차 세계대전과 뉴딜 시기를 거치며 확실히 방향을 잡았다.

고전적 자유주의가 사회적 자유주의로 탈바꿈하는 상황에서 발생한 양차대전과 경제공황은 케인스의 경제이론 및 뉴딜 같은 정책적 대응을 매개로 국가가 경제에 개입하는 것을 가속시켰다. 양차대전은 부국강병의 필요성을 절박한 국가과제로 부각시켜 유럽 국가들이 시민권을 대폭 확장시키는 한편으로 사회보장 정책을 통해 시민의 충성을 확보하도록 유인했다. 경제공황은 자유분방한 경제적 자유주의의 구조적·도덕적 한계를 노출시킴으로써 국가가 경제에 개입하는 것에 도덕적 정당성을 부각시켰다.

국가가 경제에 개입하는 것을 정당화하는 자유주의를 보통 정치적 자유주의political liberalism라고 부른다. 정치적 자유주의는 19세기에 정점에 달한 경제적 자유주의economic liberalism의 한계를 반성하고 적극적 자유와 사회정의 실현에 필요한 국가의 역할을 부각시키며 경제적 자유주의를 대체할 강력한 대안으로 부상했다. 정치적 자유주의는 전후 복지국가의 발전을 이론적으로 뒷받침했으며 롤스John Rawls가 자유주의를 새롭게 정립하는 데에도 결정적인 영향을 미쳤다.

제2차 세계대전 이후 전개된 냉전은 20세기 자유주의가 진화 및 분화하는 또 다른 배경이 되었다. 냉전은 전체주의 지배와 함께 소극적 자유와 자유방임주의, 권력분립, 법의 지배, 대의 민주주의를 강조

해 온 고전적인 자유주의가 다소 형태를 바꿔서 재부상하는 배경으로 작용했다. 전체주의와 냉전을 배경으로 하이에크Friedrich von Hayek, 오크숏Michael Oakeshott, 벌린과 같은 정치철학자들이 권력 분립과 법의 지배 및 작은 국가를 지향했던 고전적 자유주의를 우호적으로 재평가했다. 이들은 사회주의 체제를 지탱하는 단일한 이념체계의 폐쇄성과 억압성, 합리주의적 계획경제의 인식론적 한계 및 무제한 민주주의의 결함을 지적했다. 한편으로, 가능한 한 국가의 개입을 최소화하고 경제사회와 시민사회의 다원성과 자율성을 극대화하는 것이 자유문명의 번영에 이로울 것이라고 주장했다.

복지국가의 위기는 현대 정치사상이 다채롭게 전개될 수 있는 또 다른 계기를 마련했다. **1960년대 후반부터 복지국가의 위기가 본격적으로 시작되어 복지국가 개혁을 둘러싼 신좌파와 신우익의 대립이 발생했고, 자유주의 전통 내에서는 복지국가에 우호적인 평등주의적 자유주의와 포괄적인 재분배국가에 반대하는 자유지상주의 사이의 논쟁을 초래했다.** 그리고 1980년대부터는 국가가 다양한 가치관이나 삶의 형태 사이에서 중립적인 입장을 취해야 한다고 보는 중립적 자유주의자와 국가가 가치 있고 건전한 생활 형태를 보호·증진하는 것이 옳다고 보는 완전주의적 자유주의자 사이에서도 흥미로운 논쟁이 전개되었다.

1980년대에 들어 매킨타이어Alasdair MacIntyre, 샌델Michael Sandel, 왈저Michael Walzer 그리고 테일러Charles Taylor로 대표되는 일단의 공동체주의자가 롤스의 자유주의적《정의론》에 나타난 보편주의와 (인간관의) 모순성을 본격적으로 비판하면서 20세기 후반 가장 큰 논쟁인 자유주의/공동체주의 논쟁이 촉발되었다. 이 논쟁으로 현대의 공동체주의는 자유주의와 구분되는 중요한 사상전통으로 확립되었다. 그뿐만 아니라 자유주의가 자기반성을 통해 더욱 세련되고 풍부한 사상 전통으로 진화할 수 있도록 자극했다.

11. 결론: 자유와 정의

현대 자유주의에서 자유가 정의와 맺고 있는 관계는 매우 복잡하다. 자유라는 개념이 다의적인 만큼 정의라는 개념도 다의적이기 때문이다. **현대 자유주의에서 자유는 정의가 보호해 주어야 할 으뜸가는 가치이기 때문에, 어떤 자유 개념을 표방하느냐에 따라 상이한 정의관이 도출된다.**

예를 들어, 노직Robert Nozick과 같은 자유지상주의자처럼 자유를 불간섭이라는 소극적 의미로 규정해 보자. 이 경우 자유주의적 정의 원칙은 개인에게 최대한 평등한 (소극적) 자유를 보장해

〈그림 1-2〉 정의와 법을 상징하는 정의의 여신상.

주어야 한다는 원칙을 제1원칙으로 채택하고, 자유의 충돌이 발생하면 '공정하게' 그 충돌을 중재해야 한다는 보조 원칙을 포함한다. 이때 소극적 자유는 개인의 다양한 기본권을 통해서 보장된다. 타인이나 정부가 헌법적으로 보장된 개인의 기본권을 침해하는 경우 부정의가 발생하며, 정의는 개인이 겪은 기본권 침해를 보상하고 시정할 것을 요구함으로써 표현된다.

　예컨대 누가 '나'의 휴대폰을 훔쳤다고 가정하자. 그것은 '나'의 자유에 대한 침해로 곧 부정의이며 그것을 돌려주거나 배상하는 행위가 정의의 실현이다. 국가가 정당한 법적 근거 없이 '나'의 재산을 몰수하거나 '나'를 구금하는 것도 부정의이며, 그에 대해 배상하거나 시정하는 것이 정의의 실현이다.

　이때 정의는 사회에 만연한 경제적 불평등을 시정하거나 부를 재분배하는 정책과는 아무런 상관이 없다(소극적 자유에 기반을 둔 정의는 복지권을 기본권에 포함시키지 않는다).

반면에 롤스나 민주주의자처럼 자유의 핵심을 자율성 혹은 자결 self-determination 이라고 정의해 보자. 그러면 정의의 원칙은 개인이 최대한의 자율성을 누릴 수 있도록 권리와 자유를 '동등하게' 보장해 주어야 하며(평등한 자유의 원칙), 나아가서 개인이 가능한 한 공정하게 기본권을 행사할 수 있는 조건을 제공해 주어야 한다. 이것이 롤스가 정의의 제2원칙으로 '공정한 기회평등' 하에서의 '차등원칙 difference principle'을 제시한 이유이다.

자율성은 개인이 자신의 가치관을 채택·추구·수정할 수 있는 능력이기 때문에 정의는 우선적으로 모든 개인에게 최대한의 자유(기본권)를 동등하게 보장해 주어야 한다. 하지만 이런 기본권을 실질적으로 향유할 수 있는 가능성은 개인이 지닌 능력과 조건에 따라 큰 차이가 날 수밖에 없다. 그 때문에 정의는 모든 개인이 가능한 한 기본적 자유를 '공정하게' 행사할 수 있는 조건을 제공해 줄 필요가 있다. 그렇지 않으면 자율성 혹은 자결로서의 자유는 '공정하게' 혹은 '동등하게' 행사될 수 없기 때문이다.

따라서 정의는 복지국가나 포괄적인 복지 프로그램을 필요로 하게 되며, 국가가 복지제도를 실행하는 과정에서 사회의 경제생활에 어느 정도 개입할 수밖에 없다. 다시 말해 개인의 소극적 자유를 어느 정도 침해하는 것이 불가피하다. 무제한적인 소극적 자유는 필히 부의 불평등과 부정의를 초래하기 때문이다. 따라서 소극적 자유에 대한 일정한 제약은 모든 개인이 '공정하게' 자율적인 삶을 살 수 있는 조건을 확충하는 데 필요하다.

지금까지 살펴본 것처럼 **현대 자유주의에서 자유는 정의 또는 공정성 개념과 밀접한 연관이 있다. 개인의 자유는 가장 중요한 가치로 간주되지만, 정의·평등 및 사회복지의 증진이라는 사회적 목표와 함께 고려해야 하기 때문이다.** 그러므로 자유롭고 정의로운 사회를 구현하기 위해서는 이런 다양한 가치 사이에서 최선의 균형을 찾는 것이 중요하다.

더 읽을거리————————————————————

이사야 벌린(2005), 《낭만주의의 뿌리》, 이제이북스
낭만주의의 발원과 전개 및 그 과정에서 등장한 낭만주의적 자유 개
념을 이해하는 데 있어 더할 나위 없이 훌륭한 책이다. 계몽주의에
반기를 든 낭만주의가 근대의 자유 개념을 얼마나 풍부하게 만들어
주었는지 이해할 수 있게 해 준다. 비록 번역서이긴 하지만 유려한
표현과 풍부한 내용이 독자들로 하여금 독서의 즐거움과 배움의 즐
거움을 동시에 누릴 수 있도록 할 것이다.

존 스튜어트 밀(2005), 《자유론》, 책세상
자유주의 역사에서 특별히 빛나는 저술 중 하나로, 자유가 절대적으
로 보장되어야 할 가치임을 논리적이면서도 웅변적으로 보여 준다.
다수의 횡포와 개성 상실의 위협에 직면하여 표현과 사상의 자유가
절대적으로 보장되어야 한다는 점을 강조한다. 타인에게 직접적이
고 명확한 해악을 가하지 않는 한 개인의 자유는 최대한 보장되어야
한다는 '해악원칙 harm principle'을 제시한다.

김비환(2018), 《개인적 자유에서 사회적 자유로: 어떤 자유, 누구를 위한 자유인가?》, 성균관대학교 출판부

이 책은 자유/자유주의의 역사를 다룰 뿐만 아니라 이사야 벌린의 《두 가지 자유 개념》(1958)에서 시작된 20세기의 분석철학적 자유 논쟁을 상세히 소개하기 때문에 자유에 관한 전문적인 지식을 얻고자 하는 독자에게 유용하다. 현대사회에서 자유 실현을 방해하는 요인에 대한 베버Max Weber와 아렌트의 예리한 통찰을 소개하고, 소극적 자유 및 적극적 자유와 구분되는 제3의 자유 개념인 신로마공화주의적 비지배 자유의 장단점도 소개한다.

2장

복지란 무엇인가?
1·2차 보편복지 논쟁을 통해 본 복지의 참뜻

양재진

1. 서론

인간이 생존하고 생활하기 위해서는 의식주를 비롯한 물자와 서비스가 필요하다. 이런 물자와 서비스를 생산하는 인간의 활동을 노동 勞動, labor이라 한다. 노동은 인류가 탄생한 시점부터 역사를 함께해 왔다. 노동이 인간의 활동을 의미한다면, 복지 福祉, welfare 는 그 결과로서의 상태를 의미한다. 복지를 개인이 정신적·육체적으로 건강하고 행복한 상태라고 정의내릴 때 그러하다. 이렇게 본다면 복지 또한 오랜 역사를 자랑한다.

하지만, 복지를 어떤 상태로 정의하지 않고, 그러한 상태를 만들기 위한 정부(혹은 국가)의 활동으로 본다면 그 역사는 오래지 않다. 자본주의 시장경제에서 인간의 노동력이 상품으로 거래된 이후의 일이다.

사람들은 자신의 노동력을 팔기 위해 구직 활동을 한다. 기업은 구직자를 고용해 생산과 판매 활동을 벌이고 이윤을 얻는다. 그런데, 모든 사람이 항상 필요할 때 노동력을 팔아(즉, 취직해서) 생활에 필요한 돈을 벌 수 있는 것은 아니다. 본인의 뜻과 달리 실업을 당하고, 산업재해를 당하거나 아파서 일을 못하게 되기도 하고, 더 일할 수 있는데도 은퇴를 맞이해야 하기도 한다. 이럴 때 국가가 개입해, 최소한의 삶을 살아 나갈 수 있도록 복지 제도가 하나둘 도입하게 되면서 복지국가가 태동했다.

복지국가가 태동한 지 어언 100여 년이 되었고 그동안 생산력도 크게 증대했다. 그러나 어떤 국가도 아직 모든 국민에게 필요한 만큼 복지급여를 제공하지는 못한다. 시민들의 욕구를 충족할 자원이 무한정으로 주어지지 않기 때문이다. 따라서 예산제약하 '누구에게 복지를 제공하고 그 수준을 어떻게 할 것인가' 하는 문제에 늘 부딪힌다.

자원의 제약하에서 누구에게 얼마만큼의 복지급여를 지급해야 하는 것일까? 이 질문에 답하고자 한다. 먼저 자본주의 산업사회에서 복지의 의미를 살펴보고, 어떤 원리로 복지급여가 할당되는지를 한국 사회를 달구었던 1차 보편복지 논쟁(무상급식을 둘러싼 논쟁)과

2차 보편복지 논쟁(기본소득 논쟁)을 통해 알아보고자 한다. 이론적으로는 사회복지의 보편주의 universalism 와 선별주의 selectivism 그리고 기본소득의 무차별주의 indiscriminatism 에 대한 논의이다. 이를 통해 국가정책으로서 '복지'가 무엇인지를 보다 명확하게 이해할 수 있게 될 것이다.

2. 복지의 탄생

개인이 노동하고 국가가 복지를 제공하는 역사는 국가라는 정치 공동체가 탄생하는 시점까지 거슬러 올라갈 수 있다. 그러나 우리가 복지라고 할 때 머릿속에 떠올리는 각종 복지급여는 역사가 그리 길지 않다. 자본주의의 탄생과 함께 인간의 노동력 勞動力, labor power 을 팔고 사는 노동시장 勞動市場, labour market 이 성립한 이후의 일이다. 왜 그런가?

　　자본주의 시장경제에서 인간의 노동력은 상품으로 거래가 된다. 생산수단의 사적 소유만으로 자본주의가 성립되는 것은 아니다. 마르크스는 생산수단의 소유자인 자본가와 노동력의 소유자인 노동자가 노동력을 자유로이 거래하기 시작할 때, 자본주의적 생산과 축적이 시작된다고 보았다.

(자본주의 생산체제로의) 전환은 두 종류의 아주 상반된 상품의 소유자가 서로 대면하여 계약을 맺을 때 비로소 성립한다. 한쪽은 바로 자본money, 생산수단, 그리고 생계수단의 소유자로서, 다른 사람의 노동력을 구입하여 (생산하고) 자기 소유물의 가치를 증가시키려 혼신의 힘을 다하는 사람이다. 다른 한쪽은 자신의 노동력labor-power을 파는 자유 노동자free workers로서 노동의 판매자가 되는 사람이다. 그런데 자유 노동자라 함은, 노예나 농노처럼 스스로가 생산수단의 일부도 아니고, 자소작농self-employed peasant-proprietors처럼 (농토라는) 생산수단도 갖고 있지 않아, 그 어떤 생산수단으로부터도 분리되어 있는 자유로운 사람을 의미한다. 이렇게 (노동력의) 상품시장이 두 계급으로 양극화될 때, 자본주의적 생산의 근본적인 조건이 갖춰진다.[1]

마르크스가 목도한 자본주의 노동시장은 길드나 도제 시스템 같은 전통적 관습과 제도로부터 해방된 자유경쟁 시장이었다. 아동의 노동력도 사고 팔리고, 노동조합도 금지되었으며, 임금과 근로조건을 노동자들이 집단으로 협상하려 하면 시장질서를 어지럽힌다는 이유로 처벌받는 자유 노동시장이었다.

---

1   Marx, Karl(1990), *Capital: A Critique of Political Economy*, Vol. 1, Introduced by Ernest Mandel and Translated by Ben Fowkes. New York: Penguin Books.

<〈그림 2-1〉 영국의 산업생산 추이   〈그림 2-2〉 영국의 1인당 GDP 추이

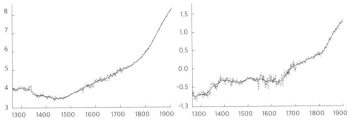

출처: Nicholas Crafts & Terence Mills(2017), "Six centuries of British economic growth: a time-series perspective", *European Review of Economic History*, 21, Issue 2, 141-158.

19세기 산업혁명 시기, 자본주의 사회의 생산력은 전통사회에서는 상상하지 못할 만큼 커졌다. 〈그림 2-1〉과 〈그림 2-2〉에서 보듯이, 1760년대 시작된 산업혁명의 결과로 1800년대 들어 산업생산과 1인당 GDP는 눈에 띄게 급격한 상승세를 탄다. 그럼에도 불구하고 노동자가 사회적 위험에 빠져 소득 활동을 못할 때, 그 참담함이란 이루 말할 수가 없었다. 노동자들은 자본주의 체제에 문제가 있다며 체제 자체를 거부하기 시작했다. 공산주의 혁명 운동이 도래한 것이다.

마르크스가 태어나고 젊은 시절 활발히 활동한 독일에서 노동운동과 공산주의 운동이 가장 거셌다. 철강 산업 등 중화학공업이 빠르게 성장한 결과 대공장 노동자의 수가 급격히 팽창했다. 이들을 바탕으로 1863년 현존하는 가장 오래된 노동계급 정당인 독일 사회민주당SPD, Sozialdemokratische Partei Deutschlands이 창당 되었다. 1877년 397석의 제국의회 선거에서 50만 표를 얻어 12석을 차지하며 의회에 진출했다. 산업화된 작센 지방에서는 유효득표의 38%를 얻어 제1당이 되었다. 베를린과 함부르크 같은 개신교 대도시에서는 각각 39.2%와 40%를 얻었다.[2]

독일의 비스마르크 총리는 당근과 채찍을 통해 체제를 지키고자 했다. 채찍은 1878년에 제정된 '사회주의 탄압법'이 상징하는 사회주의자에 대한 대대적 단속이다. 당근은 바로 사회보험 입법을 통한 사회적 급부 제공이다. 비스마르크가 기초한 빌헬름 1세의 1881년 황제교서에서, "사회적 폐단은 한편으로는 사회 민주주의의 과격행동을 탄압하고, 다른 한편으로는 근로자 복지를 적극적으로 향상시키면서 극복되어야 한다"고 천명하였다.[3] 산업재해보험 제1초안의 이유 설명에도 다음과 같이 입법취지를 밝히기도 했다.

눈에 띄는 직접 이익을 부여함으로써 다수의 저학력 무산계층에게 '국가가 단순히 필요한 혹은 단지 유산계급의 보호를 위해 창안된 것이 아니고, 무산계급의 필요와 이익에 봉사하는 복지기구'라는

---

2   게르하르트 A. 리터 지음, 전광석 옮김(2005),《복지국가의 기원》, 법문사, 35쪽.
3   위의 책, 37쪽.

사실을 주지시키는 것은, '인도주의적·기독교적 의무일 뿐 아니라, 국가의 존립을 위한 정책적 과제이기도 하다.[4]

비스마르크는 노동자를 국가의 품 안으로 포섭하고자 하였다. 사회보험료의 1/3은 국가가 지불하도록 설계하였으며, 연소득 750마르크 미만의 노동자는 아예 기여금을 면제받도록 했다. 이제 국가가 국민의 삶을 보호해 줄 테니, 체제를 바꾼다고 혁명 같은 것에 매달리는 건 포기하라는 뜻이었다. 그렇게 되면 돌아오는 것은 탄압뿐일 것이니 말이다.

독일 노동자와 사민당 지도부는 비스마르크가 던진 당근의 의미를 알기에 고심에 고심을 거듭했다. 결론은 노동자의 보다 나은 삶을 위해 당근을 취하는 것이었다. 그러나 국가에게 포섭당하지 않겠다는 의지를 밝혔다. 사회보험료에 대한 국가 보조를 거부한 것이다. 노사정이 3분의 1씩 보험료를 부담하는 것이 아니라, 노사가 2분의 1씩 보험료를 부담하고 사회보험의 관리도 노사자치로 만들었다. 사회보험 가입은 법적으로 강제되었으나, 국가의 통제를 받지 않는 노사 자율적인 프로그램으로 시작한 것이다.

비스마르크는 크게 실망했다고 전해진다. 어찌 됐든, 독일은 선

4　위의 책, 38쪽.

도적으로 사회보험을 도입하였고, 이와 함께 복지국가가 탄생하였다. 정도의 차이만 있을 뿐, 동일한 고민을 하고 있던 유럽의 다른 산업화된 국가로 독일의 사회보험 제도가 빠르게 퍼져 나갔다.

뒤늦은 경우가 있었을지언정 제1차 세계대전과 제2차 세계대전 사이에 대부분의 산업화 국가에서 산재, 노령, 의료, 실업보험이 도입되었다. 적용 대상은 철강, 철도 등 기간산업에서 시작해 대부분

〈표 2-1〉 국가별 사회보험 도입 시기

	산재보험	의료보험	연금	실업보험
벨기에	1903	1894	1900	1920
네덜란드	1901	1929	1913	1916
프랑스	1898	1898	1895	1905
이탈리아	1898	1886	1898	1919
독일	1884	1883	1889	1927
아일랜드	1897	1911	1908	1911
영국	1897	1911	1908	1911
덴마크	1898	1892	1891	1907
노르웨이	1894	1909	1936	1906
스웨덴	1901	1891	1913	1934
핀란드	1895	1963	1937	1917
오스트리아	1887	1888	1927	1920
스위스	1881	1911	1946	1924
호주	1902	1945	1909	1945
뉴질랜드	1900	1938	1898	1938
캐나다	1930	1971	1927	1940
미국	1930	–	1935	–

출처: Pierson, Christopher(1991), *Beyond the Welfare State?: The New Political Economy of Welfare*, Cambridge, UK: Policy Press.

의 산업 근로자로 확대되었다. 한편, 기초연금과 의료 서비스를 일반조세에 근거해 제공하면서 자영업자와 농민도 복지의 수혜자가 되었다. 1970년대부터는 소득보장정책뿐만 아니라, 여성의 일·가정 양립을 돕기 위해 공보육과 노인요양 같은 사회서비스가 도입되었다. 수혜 대상도 특정 집단에 한정하지 않고 전체국민이 보장받도록 만들었다. 보편주의 복지국가Universal Welfare State로 발전해 간 것이다.

3. 1차 보편복지 논쟁: 무상급식

보편주의냐 선별주의냐를 놓고 2010년 대한민국을 뜨겁게 달구었던 무상급식 논쟁이 있었다. 서울시의회가 모든 초등학생에게 무상급식을 시행하는 조례를 제정하자, 당시 오세훈 서울시장이 포퓰리즘이라며 강하게 반발하며, 서울시장직을 걸고 무상급식의 시행 여부를 주민투표에 부쳤다. 반대표가 많이 나오면 조례가 무력화될 것을 기대한 것이다. 그런데 투표율이 최소한의 성립요건인 33.3%보다 낮은 25.7%에 그쳐 개표도 못 해보고, 오시장은 시장직에서 물러났다. 이후 보궐선거에서 당선된 박원순 시장이 무상급식을 시행하고, 2012년 중학교 무상급식 시행을

거쳐, 2019년에는 고등학생까지 무상급식이 확대되었다.[5]

　무상급식 논쟁은 소득 수준을 따지지 않고 급식을 제공하자는 보편주의와 저소득가정 자녀에게만으로 그 혜택 범위를 한정하자는 선별주의가 맞붙으며 크게 정쟁이 일어난 사례이다. 이런 논쟁은 무상보육이라는 이름으로 공보육의 혜택을 중위소득 이하에게만 한정할 것인지 아니면 아이 있는 모든 가정에게 어린이집을 부담 없이 다닐 수 있게 할 것인지를 놓고 재연되었다.[6]

1) 보편주의 복지

보편주의는 사회적 위험social risks이나 질병 그리고 연령 등에 따라 특정 욕구needs를 갖게 되었다고 판단될 때, 이러한 욕구를 갖고 있는 사람에게 해당 욕구충족에 필요한 경제적 능력의 유무를 따지지 않고 급여제공의 대상으로 삼는 경우 성립한다. 보편주의의 밑바탕에는 사회적 시민권이 자리 잡고 있다.

　보편주의에 입각하면, 특정 욕구를 지닌 모두에게 현금급여를

5　노경조(2021. 5. 12), "[서울 무상급식 10년] ① 포퓰리즘 논란 → 유치원 확대까지", 〈아주경제〉, https://www.ajunews.com/view/20210511175530452.

6　이하 보편주의, 선별주의 그리고 무차별주의에 대한 논의는 다음 연구를 토대로 작성되었다. 양재진(2023), "복지급여와 기본소득은 어떻게 다른가?", 〈학술원논문집〉(인문·사회과학편), 제 62집 2호.

지급하고, 사회서비스를 이용하는 데 접근성 access을 보장해야 한다. 기여 contribution에 따라 수급권 entitlement을 부여하는 사회 보험 방식에서는 대상자 포괄성 측면에서 보편주의가 달성되기 어렵다. 따라서 보편주의 복지국가에서는 사회보험의 사각지대에 조세기반 복지 프로그램을 더해 사회보험의 사각지대를 메우거나, 일반조세를 통해 사회보험 가입을 지원하여 적용 coverage을 넓힌다.

보편주의와 선별주의 개념을 처음 체계적으로 정리한 사람은 리처드 티트머스 R. Titmuss이다. 그는 영국정부가 전후 복지국가 건설의 청사진이었던 〈베버리지 보고서 Beverage Report〉에 따라 균등보험료와 균등급여의 원칙하에 국영의료서비스 National Health Service와 보편수당을 제공한 이유를, 모든 국민이 서비스 이용과정에서 자신의 지위, 존엄, 그리고 자존감의 손상을 경험하지 않게 하려는 것으로 보았다.

영국에서 사회보험의 적용이 확대되어 보편적 보장이 제공되기 이전에는 공적 부조가 저소득층만을 대상으로 제공되었다. 티트머스는 〈베버리지 보고서〉의 청사진에 따라 보편주의적 복지 프로그램이 하나둘 도입되는 현상을 목도하고, 선별주의와 보편주의라는 개념을 통해 전후 제도변화의 의미를 설명한 것이었다. 국영의료서비스처럼 일반재정에서 재원이 조달되며, 누구나 혜택을 받을 수 있는 사회서비스는 보편주의의 대명사가 되었다. 현금급여의 경우도, 기초연금이나 아동수당처럼 근로를 기대하지 않는 연령층에게 보편적으로 수당을 지급했고 이를 데모그란트 Demogrant라고 불렀다.

프로그램 수준에서의 보편주의와 체제 수준에서의 보편주의도 구분할 필요가 있다. 프로그램 수준에서 보편주의가 구현되었더라도 그 급여가 낮은 경우, 정책의 결과로서 체제 수준에서 실제로 보편주의가 구현되었는지는 따져 봐야 하는 것이다.

프로그램 수준에서 급여가 낮은 보편주의는 급여가 불충분함으로 인하여 중산층이 민간보험이나 개인 저축에 의존해 복지수요를 충족하게 만든다. 이 경우 프로그램 수준에서는 형식적으로 보편주의가 달성되었을지 모르나, 중산층에 대한 실질적인 보장이 이루어지지 않기에 체제 수준 혹은 국가 수준에서는 보편주의가 작동한다고 보기 어렵다.

1950년대까지 영국 같은 자유주의 국가나 스웨덴 같은 사민주의 국가 모두 기초연금 같은 정액 방식의 보편수당을 중심으로 국민최저선National Minimum을 보장하는 베버리지안 복지국가였다. 그러나 경제발전과 함께 화이트칼라 중산층 집단이 크게 성장하자 1959년 스웨덴이 사회보험 방식의 공적연금을 도입하고 실업보험 및 부모보험 등을 통해 중산층이 만족할 만한 높은 급여를 제공하기 시작하면서 영·미 자유주의 국가와 분기하기 시작했다.

스웨덴은 화이트칼라 중산층을 포함해 모든 국민을 공적 사회보장 프로그램에 포괄하는 보편주의 복지국가 Universal Welfare State가 되었다. 반면에 영·미 자유주의 국가의 경우 중산층은 공적 프로그램에 만족하지 못하여 민간시장에 의존하고, 저소득층만이 공적 프로그램에 의지하는 잔여주의 복지국가 Residual Welfare State로 남게 되었다.

보편주의는 특수주의 particularism 를 반영한 차등급여보다는 균등급여와 친화성이 있다. 선별을 넘어 보편주의를 지향한 〈베버리지 보고서〉에서도 균등급여 flat benefit를 원칙으로 삼는다. 그러나 앞서 지적했듯이 프로그램 수준을 넘어 체제 혹은 국가 수준에서 공공복지의 보편주의가 실현되려면, 중산층이 민간보험으로 이탈하지 않고, 공공복지를 통해 사회적 위험에 대비하고 욕구충족을 해야 한다. 따라서 체제 수준의 보편주의를 달성하려면 정액급여뿐만 아니라 소득비례형 급여를 제공하여 중산층에게 만족할 만한 수준의 소득보장을 제공해야 한다.

전후 자본주의 황금기에 소득이 크게 오르자, 보편주의 급여 방식으로서 균등급여 방식은 중대한 도전에 직면하였다. 농민과 제조업 노동자는 감소하고 상대적으로 고소득인 사무직 노동자는 증가하였다. 균등급여에 기반을 두는 보편주의 복지정책에 대한 변화가 요구되었다.

따라서 **프로그램 수준을 넘어 체제 수준에서 새롭게 정의된 보편주의 원리는 대상의 보편성에 급여의 적절성을 접목시켰다.**[7] 보편주의의 포괄성은 유지하면서, 급여는 균등급여에 노동시장에서의 성취를 반영한 소득비례급여를 더하는 방식이 그것이다.

2) 선별주의 복지

선별주의는 사회적 위험이나 질병 그리고 연령 등에 따라 특정한 욕구를 지니게 된 자 중에서 특정 기준에 부합하는 사람만을 급여제공의 대상으로 삼는 경우를 일컫는다. 특히, 소득과 재산 기준에 따라 저소득층을 급여대상자로 삼는 경우, 선별주의가 성립하는 것으로 이해한다. 선별주의가 보편주의의 반대로 여겨지는 이유다.

그러나 선별주의는 자산조사means test를 통해 저소득층만 따로 가려내는 것으로 의미가 한정되지는 않는다. 전문가의 진단 diagnosis, 즉 욕구검사needs test를 통해 욕구 정도가 높은 자에게

---

7 Anttonen A, & J. Sipilä(2008), "Universalism: and Idea and Principle in Social Policy", *Unpublished document*, https://www.yumpu.com/en/document/view/22752430/universalism-and-idea-and-principle-in-social-policy-nova.

복지자원을 집중적으로 할당하는 경우도 선별주의에 포함한다. 장애 정도가 높은 사람에게 장애연금이나 재활서비스를 제공하고, 장기실업자에게 공공훈련을 제공하며, 둘째나 셋째 아이부터 아동수당을 지급하는 것 등이 이에 해당한다.

더 나아가 선별주의를 제한된 멤버십restricted membership으로 이해하기도 한다. 선별주의를 제한된 멤버십으로 이해하면, 보편주의와 선별주의가 반드시 대립적 관계를 이루지는 않는다.[8] 예를 들어 한국의 노태우 정부에서 조합주의 방식을 통해 보편주의적인 전 국민 의료보험을 이루었다. 건강보험은 2000년에 통합되기 전까지 직장과 지역별로 의료보험 조합이 나뉘어져 있었다. 삼성전자 의료보험조합과 같은 식으로 146개의 직장의료보험조합이 있었고, 강남구 의료보험조합과 같은 식으로 227개의 지역의료보험조합으로 나뉘어져 있었다. 조합마다 가입 대상자가 다르고, 보험료도 달랐다. 하지만 개별조합이 모여 모든 국민이 건강보험의 혜택을 볼 수 있었다. 선별주의하에서도 전 국민을 건강보험에 포괄하는 보편주의를 이룬 것이다.

하지만 무상급식 사례처럼 일반적으로 선별주의는 국가가 특정

---

8   Anttonen, A. & J. Sipilä(2014), "Varieties of Universalism", *New Directions in Social Policy: Alternatives from and for the Global South 7~8 April*, Geneva, Switzerland.

한 복지욕구를 지닌 사람 중에 스스로를 돌보기 어려운 취약계층만을 급여대상으로 삼을 때 성립한다. 객관적으로 인정받을 수 있는 욕구가 있어도, 스스로 해당 욕구를 충족할 수 없다고 여겨지는 저소득층만을 복지 할당의 대상자로 삼는 경우다. 이 경우, 보편주의 이상과 충돌하며 선별주의와 보편주의는 대립관계에 이른다.

선별주의하에서 소득/자산 기준을 적용해 저소득층에게 집중적으로 공공복지를 제공하는 경우, 잔여주의적 복지국가The Residual Welfare State로 귀결되는 경향이 있다. 잔여주의적 복지국가에서 중산층은 시장에서 복지를 구매한다. 국가는 저소득 취약계층을 복지의 주 대상으로 삼는다. 이 경우 중산층이 복지에 대해 보이는 정치적 지지가 높기 어렵다. 세금 납부자인 중산층과 복지 수혜자인 저소득층이 나뉘기 때문이다. 중산층이 비용만 부담하고 수혜는 받지 못하는 상황에서, 저소득층에 대한 복지급여 수준이 높기는 어렵다. 대부분 국민최저선National Minimum에 머문 복지가 제공된다.

선별주의가 잔여주의로 귀결되는 경우, 보편주의와 선별주의는 서로 화해하기 어렵다. 한국 사회에서 선별주의를 소득 중심으로 좁게 해석하게 된 계기는 앞서 언급한 무상급식 논쟁 때문이다. 무상급식 논쟁이 '이건희 손자에게도 급식을 줘야 하는가?'라는 식으로 '보편주의 vs. 선별주의' 논쟁이 되면서, 한국에서는 선별주의를 보편주

의와 대치하는 잔여주의적 개념으로 협소하게 이해하게 되었다.

그러나 사실 프로그램 수준에서는 선별주의라 해도, 체제 수준에서는 제도설계 여하에 따라 얼마든지 보편주의와 화해가 가능하다. 즉, 노태우 정부시절 건강보험처럼 [선별주의+선별주의=체제 수준의 보편주의]가 성립할 수도 있는 것이다.

스웨덴의 1999년 연금개혁의 예 또한 그러하다. 이전에 스웨덴 정부는 저소득 노인을 위해서 조세기반의 기초연금을 인상하는 것으로 대응해 왔다. 그러나 모든 노인을 상대로 하는 보편주의적 기초연금의 급여 인상은 더디었다. 전체 노인에게 기초연금을 주자니, 그 재정소요가 너무 컸기 때문이다. 다른 중산층 노인은 국민연금 같은 소득비례연금을 받기에 빈곤에 빠지지 않았지만, 낮은 수준의 기초연금에만 의존할 수밖에 없는 저소득층 노인은 대부분 빈곤선 밑으로 떨어졌다.

따라서 스웨덴은 1999년에 보편주의적 기초연금을 폐지하고, 선별주의적인 기초 보장연금 Guarantee Pension을 도입했다. 소득비례연금액이 기초보장선을 넘는 중산층 노인에게는 기초연금을 주지 않았다. 여기서 아낀 재정을 기초선 이하의 노인에게 지급했다. 대상자를 좁히니, 저소득 노인이 받을 수 있는 연금액을 최대 2배까지 올릴 수 있었다.

역설적으로 스웨덴에서는 프로그램 수준에서 보편주의 기초연금을 포기하였지만, 저소득층을 상대로 한 두터운 선별주의형 기초연금을 중산층도 만족하는 사회보험형 소득비례연금과 결합시킴으로써 체제 수준에서는 보편주의를 달성하였다. 누구도 빈곤선 이하로 떨어지지 않으며 급여적절성을 만족시키는 노후소득보장제도가 마련된 것이다.

욕구검사와 자산조사에 따라서 대상자를 구분해 내는 선별주의는 욕구 정도가 높고 가난한 자에게 더 많은 급여가 배분되도록, 균등급여가 아닌 차등급여를 기본 원리로 삼는다. 선별주의의 철학은 아리스토텔레스의 배분적 정의, 즉 "다른 사람은 다르게" 취급해야 정의롭다는 형평성 equity에 근거한다. 이는 롤스(1971)가 주장한 차등의 원칙과도 부합한다. 사회의 불운한 최소 수혜자 the least advantaged에게 최대한의 배분을 이루어 타고난 열위를 만회할 수 있게 하는 것이 정의라고 보는 것이다.

암 환자와 감기 환자가 동일한 의료 급여를 받지 않는다. 전자가 후자보다 더 많은 급여를 받는 게 정의롭다. 취약계층을 상대로 한 공적 부조나 근로장려금 EITC, Earned Income Tax Credit같은 조세기반 현금복지 프로그램도 소득이 없거나 저소득일수록 더 많은 급여를 받게 설계되어 있다. 사회서비스의 경우에도, 본인부담금에 차등을 두어 장애 정도가 심한 자 혹은 저소득층이 서비스를 이용하는 데 금전적 문제가 발생하지 않도록 한다.

4. 2차 보편복지 논쟁: 기본소득

지난 코로나 경제위기 국면에서 대선을 앞두고 이재명 민주당 대통령 후보가 전 국민 기본소득을 공약으로 내세웠다. 실제로 이재명 지사의 경기도에서 청년 기본소득이 실시되고, 문재인 정부가 14조 원짜리 전 국민 대상 긴급 재난지원금도 지급하는 등 기본소득이 현실에 깊숙이 다가왔다.

기본소득론을 학계와 시민단체를 넘어 정치권에서 본격적으로 논의했다. 급기야 보수 진영에서 김종인 미래통합당 비대위원장도 기본소득제 이슈를 전면에 내세워 보수당의 노선 대전환에 나서기도 하였다. 오세훈 서울시장은 이재명의 전 국민 기본소득을 강하게 비판하며 우파형 기본소득이라고 불리는 안심소득 시범사업을 실시하고 있기도 하다.

전 국민 기본소득 UBI, universal basic income 의 주창자들은 기존의 복지는 선별적이니 기본소득으로 보편복지의 시대를 열자고 말한다. 기본소득은 누구에게나 현금을 정기적으로 무조건 지급하는 것을 특징으로 한다. 누구에게나 주니 기본소득이 보편적 복지인 것은 틀림없어 보인다. 그런데, 기본소득의 보편주의 논리를 따르다 보면, 보편주의 복지국가의 대명사인 스웨덴도 어느덧 선별 복지국가가 되고 만다. 모든 국민에게 급여를 주는 게 아니라, 실업자나 가난한 사람처럼 사회적 위험에 빠진 사람을 '선별'해서 이들에게만 복지급여를 제공하고 있기 때문이다. 도대체 기본소득에서 말하는 보편주의는 기존 복지의 보편주의와 어떻게 다른 것일까?

1) 기본소득의 무차별주의 vs. 복지의 보편주의

기본소득에 대한 정의는 다양하나, 전 세계적으로 기본소득 도입 운동을 전개하는 기본소득 지구네트워크BIEN: Basic Income Earth Network의 정의를 일반적으로 사용한다. 이를 따르면, **기본소득이란 "소득 및 자산 그리고 노동시장 참여 여부와 상관없이 모든 국민을 대상으로 일정한 금액의 현금을 정기적으로 개인에게 지급하는 것"이다.** 기본소득이 전 국민을 지급 대상으로 하기에 '보편적'이라는 수식어를 붙이지만, 기존 복지의 할당 원리 중 하나인 보편주의와는 성격이 질적으로 다르다. 기존 복지의 보편주의와의 차이는 '사회적 위험'이나 '욕구'를 먼저 따지는지 아닌지에 달렸다.

'보편주의 복지'는 보편적 보장universal security을 뜻한다. 아무에게나 급여를 지급하지 않는다. 은퇴, 실업, 질병, 출산/육아 등 사유가 발생했는지를 제일 먼저 따진다. 이후 이러한 욕구가 발생한 시민이면 굳이 소득이나 재산 수준을 따지지 않는다는 뜻이다. 실업자면 누구에게나 실업급여를, 은퇴자에게는 연금을, 출산으로 인해 육아휴직을 하면 육아휴직급여를, 그리고 아파서 치료가 필요하면 의료급여 등을 지급한다. 그러나 기본소득UBI 은 경제적 능력은 물론 사회적 위험의 발생 여부나 질병 등에 따라 발생하는 특정한 욕구의 발생 여부 자체를 따지지 않는다. 그냥 모든 이를 급여의 지급 대상으로 삼는다. 따라서 **기본소득은 사회적 위험과 욕구의 발생 여부를 따지지 않는다는 의미에서 '무차별주의'**indiscriminatism**적이라고 부를 수 있다.**

이 무차별성은 무조건성 unconditonality 으로 이해할 수도 있다. 전 국민 기본소득 운동을 전 지구적으로 펼치고 있는 기본소득 지구네트워크에서는 "소득 및 자산 수준, 그리고 노동시장 참여를 전제조건으로 하지 않는 무조건적 unconditional 지급"을 기본소득의 5대 요소 중 하나로 정의한다. 그리고 전 국민 기본소득의 이론적 기반을 제공하는 판 파레이스 Philippe Van Parijs 는 '무조건성'을 기본소득의 "결정적 핵심"이라고 본다.9 그러나 기본소득은 소득이나 자산, 노동시장 참여 여부를 따지지 않는 것뿐만이 아니다. 다른 모든 것, 즉 소득을 상실했는지, 아픈지 등등의 여

---

9 필리프 판 파레이스 · 야니크 판데르보흐트 지음, 홍기빈 옮김(2018), 《21세기 기본소득》, 흐름출판, 30쪽. Van Parijs, P. & Vanderborght, Y.(2017), *Basic Income: A Radical Proposal for a Free Society and a Sane Economy*, Harvard University Press.

부도 따지지 않는다. 이런 의미에서 무조건성을 넘어 무차별적 이라고 할 수 있는 것이다.[10]

　기존 소득보장제도에서도 구직활동 등 노동시장 참여를 조건 으로 걸지 않는 무조건적인 현금급여가 있다. 대표적으로 기초

〈그림 2-3〉 복지 수급자 선정의 논리 순서도

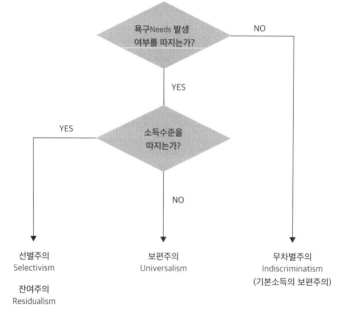

출처: 양재진(2023), "복지급여와 기본소득은 어떻게 다른가?",
　　　학술원논문집(인문·사회과학편) 62집 2호, 326쪽.

---

10 Bidadanure, Uhuru(2019), "The Political Theory of Universal Basic Income", *Annual Review of Political Science*, 22, pp. 481~501.

연금이 그러하다. 아동수당 또한 장기간에 걸쳐 아무 조건을 달지 않고 무조건적으로 지급한다.

그러나 '근로가능' 연령대(혹은 생산연령) 인구를 대상으로 하는 복지급여는 소득이나 재산은 따지지 않더라도 무조건적으로 지급하지는 않는다. 실업이나 출산/육아 등 사회적 위험에 빠져 소득을 상실했거나, 일해도 소득이 낮은 근로빈곤에 처했거나, 산재나 질병치료, 재활 같은 객관적으로 인정되는 욕구가 있을 때만 복지를 제공한다. 게다가 우리나라 실업급여의 공식명칭이 구직급여인 것에서도 나타나듯이 구직활동 혹은 직업훈련을 받는 것을 조건으로 지급한다. 그리고 생산연령인구를 대상으로 한 현금급여는 지급기간에도 제한을 둔다. 실업급여도 육아휴직급여도 1년 정도만 지급하고 계속 주지 않는다. 그 안에 다시 노동시장에 복귀하라는 뜻이다. 한국만 그런 것이 아니다. 스웨덴을 위시한 모든 복지국가가 그렇다.

기본소득의 주창자들은 기존의 복지를 선별 복지라 부르는 경향이 강하다. 무차별적이지 않은 것을 '선별한다'라고 보는 것이다. 그러나 '무차별'의 반대를 '선별'이라 할 수 없다. 대한민국의 건강보험은 아픈 사람을 선별해서 급여를 제공하지만, 선별주의가 아니라 보편주의적 제도라 할 수 있다. 누구나 아프면 병원에 가서 건강보험 급여혜택을 받을 수 있는 보편적 보장을 받기 때문이다.

그런데 기본소득의 무차별주의 논리에 따르면 대한민국의 건강보험도 선별주의 프로그램이 된다. 아픈 사람만 '선별해서' 급여가 지급되기 때문이다. '기본소득의 보편성' 원리대로라면 매달 의료비로 쓰라고 건강한 사람에게도 무조건 현금을 지급해야 한다. 보편적 무상급식도 학생 여부를 따져서 학생에게만 선별해서 주는 것이기에 선별주의가 된다. 기본소득의 보편주의에 따르면 급식비를 모든 국민에게 현금으로 지급해야 한다. 이는 무차별주의로 기존 복지의 보편주의와 구분할 필요가 있다.

그렇다면 왜 기본소득은 무조건성을 넘어 무차별적인 급여 지급을 핵심 요소로 삼게 되었는가? 기본소득이 욕구를 따지지 않는 무차별성을 핵심 요소로 삼는 그 할당의 기원을 사회권적 시민권이 아닌, 공유부commonwealth에 대한 시민권적 권리에서 찾기 때문이다. 공유부는 인간의 노동이 가해지지 않은 자연 그대로의 상태로 사용가치가 있는 재화를 뜻한다. 토지, 석유 같은 지하자원이 대표적인 예다. 이밖에 최근에는 온라인상에 떠다니는 데이터나 인류가 그동안 쌓아온 지식까지도 공유부라고 폭넓게 여기기도 한다.[11]

기본소득 주창자들은 공유부에 대한 권리는 남녀노소 할 것

---

11 금민(2020), 《모두의 몫을 모두에게: 지금 바로 기본소득》, 동아시아.

없이 모든 시민이 동등하게 보유한다고 본다. 따라서 공유부에서 발생하는 이익은 기본소득이라는 '배당금'dividend의 형태로 모든 국민에게 배분해야 정의롭다고 본다. 공유부에 대한 권리는 누구나 똑같이 소유하기에 배당금도 n분의 1로 하여 동일한 액수여야 한다. 아프다고 더 주는 것도 실업을 당했다고 더 주는 것도 없다. 극단적인 평등주의라 할 수 있다. 대통령 후보 시절 이재명이 국토보유세를 신설하여 토지소유자에게 세금을 거두고, 이를 전 국민에게 n분의 1로 동일 액수의 기본소득을 나눠주자고 주장한 배경이다.

기본소득을 모든 국민을 대상으로 하지 않고, 청년 같은 특정 근로연령대 인구집단만을 대상으로 지급할 수도 있다. 이렇듯 전 국민이 아닌 특정 연령대로 대상자를 '선별'하더라도, 그 대상집단이 근로가능하고, 그 집단 안에서 사회적 위험이나 욕구 발생 여부를 따지지 않는다면, 이는 무차별주의가 관철된 것으로 볼 수 있다. 이런 관점에서 봤을 때 청년기본소득은 기본소득이 맞다. 보편주의 복지에서 아동수당이나 기초연금 같은 비생산연령대 인구를 대상으로 지급하는 이른바 데모그란트와는 질적인 차이가 있다.

우파형 기본소득(혹은 역소득세)NIT, Negative Income Tax도 마찬가지로 무차별적 요소를 포함한다. 역소득세 방식의 우파형 기본소득은 소득 수준에 따라 대상자를 구분한다는 점에서는 기존 복지의 선별주의에 입각했다고 볼 수 있다. 하지만 저소득이기만 하면 근로연령대 인구라도 사회적 위험이나 욕구 발생 여부를 따지지 않고 무조건 지급한다는 점에서 '무차별성'을 띤다. 전 국민 기본소득의 특성을 공유한다. 역소득세 방식의 기본소득이 기존의 공적 부조와 유사하게 보여도 기본소득이라는 이름이 붙은 이유다.

빈곤 그 자체가 사회적 위험이지만, 기존의 공적 부조에서는 근로능력이 있는 인구에 대해서는 훈련 혹은 자활 사업 참여나 구직활동 등을 하는 조건으로 급여를 지급한다. 출산, 질병, 장애 등 사회적 위험과 욕구에 대응하는 것이 아닌데도 무조건적 지급을 하는 경우는 없다. 한국의 기초생활보장제도 역시 마찬가지다. 기초생보 급여대상자에게 근로능력이 있다고 판정되면 생계급여가 아니라, 자활 혹은 봉사활동을 조건으로 하는 '자활급여'가 지급되는 이유다.

가구 단위가 아닌 개인 단위 역소득세는 무차별성이 더 크게 드러진다.[12] 중산층으로서 가장과 생계를 같이하는 전업주부나 대학생 같은 성인 자녀도 개인 단위에서는 무소득이나 저소득자

---

12 김낙회 외(2021),《경제정책 어젠다 2020: 자유, 평등 그리고 공정》, 21세기 북스.

다. 따라서 이들은 모두 개인 단위 역소득세 방식의 기준상에서는 기본소득의 급여대상자이다. 결과적으로 전 국민 기본소득과 유사한 결과를 낳는다. 사회적 위험에 처해 있지 않아도 특정 욕구가 발생하지 않아도 개인 단위에서 소득이 없거나 적다는 이유로 중산층 가정에 매달 기본소득을 지급하는 것이다. 좌파형이든 우파형이든 기본소득은 무차별적 할당이라는 특징을 공유한다.

2) 기본소득과 복지급여의 효과성 비교[13]

기본소득 주창자들은 기본소득을 통해 사각지대 및 양극화 해소와 경기진작 효과를 볼 수 있다고 주장한다. 그러한 효과가 있겠지만 기존의 복지와 비교해서 더 우월한지 여부는 따져볼 필요가 있다.

첫째, 사각지대 해소 효과를 따져 보자. 전 국민 기본소득은 문자 그대로 사각지대 문제가 발생하지 않는다. 모든 국민이 급여를 받기 때문이다. 문제는 미미한 급여 수준이다. 적용의 사각지대는 사라지지만, 급여의 사각지대 문제는 그대로 남을 가능성이 높다.

---

13 양재진(2020), "전 국민 기본소득의 정책 효과와 한계 분석", 〈동향과전망〉 110호, 26~59쪽.

기본소득을 받아도 소득보장 효과가 크기 어렵기 때문이다.

한국의 경우, 월 1만 원 기본소득도 5,000만 명을 지급대상으로 하게 되면 연 6조 원이 든다. 2023년 국민기초생활보장제도의 생계급여도 1인가구 62만 원에 주거급여까지 하면 월 90만 원이 넘는다. 몇만 원으로 사회보장을 기대할 수는 없다. 90만 원씩 주자면 연 540조 원이 든다. 기본소득 방식으로 실업급여 하한액인 월 156만여 원(2021년)을 지급하기란 사실상 불가능하다. 무차별주의에 입각한 할당으로 사회보장성을 기대하기는 어렵다. 낮은 급여는 중산층의 이탈을 가져올 확률이 크다. 단순히 급여가 제공된다는 사실만으로 사회보장이 이루어지지 않는다. 실효성 있는 사회보장은 적절한 수준의 급여를 전제로 하기 때문이다.

둘째, 소득재분배 효과를 살펴보자. 보편주의든 선별주의든 복지급여가 기본소득보다 소득재분배 효과가 크다. 기존 사회보장제도에서는 소득자로부터 소득이 없는 사람으로 소득이전이 발생한다. 소득이 있는 사람들이 낸 보험료와 세금으로 실업, 출산, 은퇴 등 사회적 위험에 빠져 소득을 상실한 시민과 근로빈곤층 등 빈자에게 복지급여를 지급하기 때문이다. 반면에 기본소득에서는 소수의 무소득/저소득자뿐만 아니라 대다수의 소득자가 동일한 액수의 급여를 받는다. 소득재분배 효과가 복지급여보다 더 나기는 어렵다.

전 국민 기본소득 같은 무차별주의의 경우, 복지급여와 달리 중산층 소득상실자나 근로빈곤계층 외에도 소득활동을 하고 소득이 나름 충분한 대다수 국민에게도 급여를 지급한다. 상대적으로 복지급여보다 소득재분배 효과가 떨어진다. 게다가 소득상실 여부나 빈곤 수준에 상관없이 동일 액수의 급여를 지급하므로, 저소득계층과 고소득계층의 양극화 해소에 큰 효과를 기대할 수 없다. 물론 기본소득의 규모를 크게 하고 세금을 모두 누진세로 거두면 소득재분배 효과가 세금을 걷는 규모에 비례해 커진다.[14] 그러나 증세해서 얻는 재분배 효과는 복지지출로 인한 재분배 효과보다 작다. 기본소득으로 복지급여만큼의 재분배 효과를 보려면 막대한 증세를 해야 할 것이다.

셋째, 경기진작 효과를 보자. 기본소득으로 돈을 풀면 소비증대 효과가 날 것이다. 문제는 고소득, 저소득 가리지 않고 누구나에게 똑같이 지급할 때, 소비증대 효과는 반감된다는 점이다. 소득재분배 효과를 비교할 때와 마찬가지로, 저소득층이나 실직 및 은퇴 등으로 소득이 없거나 격감한 사람에게 복지급여를 지급할 때, 소비증대 효과를 더 크게 볼 수 있다. 한계소비성향의 차이 때문이다.

---

14 강남훈(2019), 《기본소득의 경제학》, 박종철출판사.

통계청의 가계동향 분석에 의하면, 소득하위 20%에 속한 가구는 새로 소득이 10만 원이 증가하면 10만 원을 전부 소비에 지출한다. 늘 돈이 없어서 못 쓸 뿐, 돈이 생기면 다 사용하는 편이다. 반면에 상위 20%는 10만 원이 추가로 생기면 5만 9천 원만 소비에 쓰고 나머지는 저축한다.[15] 소득활동을 통해 이미 소비를 유지하던 사람은 새로 소득이 생겼을 때 생기는 만큼 전부 소비지출하지 않는다. 기본소득을 이들에게 지급하면 일부 소비가 일어나더라도 상당부분 저축으로 퇴장한다. 따라서 사회 전체적으로 소비증대 효과를 높이기 위해서는 저소득자와 실업 및 은퇴로 소득이 격감한 사람에게 집중하여 분배하는 복지급여 방식이 더 효과적이다.

이미 확보된 재원을 나누어 사용할 때도, 적자재정을 통해 지출을 늘릴 때도, 증세를 통해 신규 재원을 분배할 때도 다 마찬가지다. **고소득층부터 저소득층까지 동일한 액수를 기본소득으로 지급하는 것보다는, 복지의 원리에 맞게 저소득층과 소득이 없거나 격감한 집단에게 분배하는 것이 경기진작 효과도 크고 소득재분배 효과도 크다.**

---

15 통계청(2017. 2. 24), "2016년 4/4분기 및 연간 가계동향" 보도자료.

5. 결론

현재 우리가 누리고 있는 복지는 자본주의 시장경제에서 소득활동이 어려운 상황에 처했을 때, 최소한의 삶을 지탱해 주기 위해 국가가 개입하면서부터 시작됐다. 현대 복지국가는 특정 개인과 가구가 실직 등으로 소득을 상실하거나 질병 치료나 육아 등 사회적으로 인정되는 욕구가 발생할 시, 복지급여(현금 혹은 현물)를 지급한다. 시민 누구나 최소한의 신체적·정신적 건강과 행복을 지킬 수 있도록 말이다.

이때 복지는 사회보장적 목표뿐만 아니라 복지급여 수급 시 나타날 수 있는 다양한 효과, 즉 근로의욕의 감퇴 같은 복지의 부작용이나 소득재분배, 소비증대 효과까지 감안하여 수혜 대상자의 범위와 수준을 결정한다. 예산제약하에서 최대한의 바람직한 정책효과를 보기 위해 대상자를 선택하고 급여의 수준을 결정해야 한다. 실업과 같은 사회적 위험에 빠진 사람에게 한정하되, 자산도 없고 저축도 못 해 스스로를 돌보기 어려운 저소득층에게 공공자원을 몰아줄 것인지, 아니면 누구나 위험에 빠지면 보편적인 보장을 해 주어야 할 것인지 판단해야 한다.

우리 사회에서 사회적 위험과 욕구 발생 여부를 따지지 않는 기본소득도 정책수단으로 제기되었다. 전 국민에 대한 기본소득

지급은 아니더라도 장기실업자나 저소득층을 상대로 무조건성에 입각해 기본소득을 지급하는 실험도 핀란드 등 여러 지역에서 실시된 바 있다. 기본소득의 특성을 이해할 필요가 있기에, 기존 복지의 보편주의나 선별주의와 비교하며 기본소득의 무차별성과 그 효과에 대해서도 살펴보았다. **적정한 재정부담하에서 높은 사회보장 효과를 가져오기 위해서는 기본소득보다는 보편주의와 선별주의 할당의 원리를 잘 조합한 복지급여가 필요하다.**

더 읽을거리

양재진(2023), 《복지의 원리: 대한민국 복지를 한눈에 꿰뚫는 11가지
이야기》, 한겨레출판
복지국가의 탄생부터 대한민국 복지의 작동원리까지를 이해하기 쉽
게 풀어낸다. 사회운동 차원이 아닌 사회공학 차원에서 한국 복지국
가라는 건축물을 진단하고 재건축 방향을 제시하는 책이다. 복지국
가의 역사, 한국의 복지가 아직 작은 이유, 의료보장, 국민연금과 퇴
직연금, 노동시장 문제와 돌봄의 사회화, 기본소득 및 복지 증세 문제
를 다룬다.

유모토 켄지 · 사토 요시히로(2011), 《스웨덴 패러독스》, 김영사
많은 이들로부터 복지국가 모델로 여겨지는 스웨덴의 사회보장제도
가 어떻게 만들어졌는지, 이를 가능하게 한 정치경제적 배경은 무엇
인지를 알려 준다. 1990년대 초, 한국의 IMF 같은 경제위기를 겪은
스웨덴이 어떻게 해서 개혁을 성공적으로 단행하고 그 결과 고지출
복지국가면서도 재정적으로 지속가능한 복지국가가 되었는지 그 수
수께끼에 대한 답을 준다. 고용을 매개로 복지와 경제가 선순환 구조
를 이루는 이야기를 펼친다.

사회적 협치와 공정의 균형 찾기

최저임금위원회의 경험을 중심으로

박준식

1. 문제 제기

한국 사회에서는 1987년을 기점으로 권위주의를 대신하여 민주주의라는 새로운 이념적 목표와 사회적 정체성이 자리잡았다. 이른바 '87년 체제'의 등장 이후 경제발전과 더불어 민주주의의 실현이라는 사회적 합의가 정당성을 획득했다. 40년이 지난 지금도 민주주의의 제도화institutionalization와 일상화routinization는 사회의 역동적 변화의 동력원으로 작용한다. 이 과정에서 참여와 협치를 통해 공정한 사회로 전환하는 것은 권위주의에서 민주주의로의 이행을 실행하는 핵심 방법이었다.

민주적 가치를 실현하는 방법으로 참여와 협치가 새로운 거버넌스governance의 기준이 되었다. 참여와 협치가 정치·경제의 현장과 사회 조직에서 가치를 전환하고 민주적 사회 질서를 형성하는 새 가이드라인이 된 것이다.

참여와 협치는 새로운 질서를 만들고 운영하는 과정에서 다양한 이익을 대표하는 시민이 공정하게 참여하고, 합리적 토론을 통해 이해를 조율하고, 갈등을 해소하면 사회 진보를 이루어 낼 수 있다는 믿음에 기초한다. **참여와 협치를 기반으로 이견을 조율하고, 합의할 수 있다면 더 높은 신뢰를 구축하면서 앞으로 나아갈 수 있다는 믿음이 민주적 거버넌스의 기준이 되었다.**

민주주의가 성숙하는 과정은 순탄치 않았다. 경제가 성장하고 소득이 올라가고, 체제가 복잡해질수록 협치의 방식과 내용, 수준을 둘러싼 균열은 커지고 이해 갈등이 다층적이고 복합적으로 변하였고, 참여와 협치는 더욱 어려워지고 있기 때문이다. 잘 조직된 기득권 세력이 사회를 위한 헌신보다 그들의 이익을 극대화하고, 이를 지키기 위해 더 강력한 이익집단으로 뭉치고, 민주화의 길목을 차단하면서 거버넌스를 위협한다. '기득권자'에 속하지 못하고 개별화, 파편화, 고립화된 '아웃사이더'를 포용하려는 노력은 사라져 가고, 차별과 격차는 해소되지 않고 있다. 경제적 불평등과 배제가 심화하면서 민주적 협치에 대한 믿음도 잠식되어 간다.

한국의 민주주의는 상충하는 사회적 이익을 조율하는 제도, 방법, 경험과 역량을 충분히 축적하지 못한 상태에서 사회적 교착 상태에 빠져들었다. 민주적 가치 실현을 위해서는 사회 세력 간에 인정과 관용에 기초하여 이해를 조율하고, 최적의 균형 속에서 사회 발전의 길을 찾는 민주적 의사결정 제도가 정착되어야 한다. 이는 조율과 교섭, 타협점을 찾아가는 점진적인 과정이기 때문에 높은 수준의 인내와 관용, 협치 역량을 요구한다. 협치 역량과 경험을 축적하지 않으면 민주주의는 좌초할 수 있다. 타협과 협치의 길은 험난하다. 협치의 결과는 잠정적이며, 불안정하고, '최대 만족'보다 '최소 불만'으로 귀결되기 때문에 인내와 관용 없이 전진하기 힘들다.

사회적 타협과 협치는 일상적이고 규칙적으로 진행되는 점진적 균형 모색 과정이며, 단기적 이익보다 장기적 지속가능성을 중시하는 의사결정 시스템이다. 민주적 의사결정 방식에서 성숙한 협치 역량을 높이는 것은 포용적이고 지속가능한 민주주의의 경로에 필수적 요소이다. 협치적 민주주의는 사회적 의사결정의 신뢰도와 타당성을 주기적이고 반복적으로 입증할 수 있어야 안착할 수 있다. 협치를 통해 민주주의로 이행하는 것이 어렵고 고된 이유도 여기에 있다.

이 글의 목적은 사회적 협치 방식으로 운영되는 최저임금위원회에

서 2019년부터 2023년에 걸쳐 최저임금을 결정하는 데 중요하게 작용한 여러 맥락을 공익위원의 관점에서 평가하고, 충돌하는 이익집단 간에 '공정의 균형'을 찾기 위해서 노력했던 고민을 공유하는 데 있다.

우리나라는 최저임금제도를 1986년 12월에 처음 제정·공포했고 법제화와 시행을 위한 준비 과정을 거쳐 1988년부터 심의했다.[1] 최저임금제도는 상시근로자 10인 이상을 사용하는 제조업체를 대상으로 시작하였다. 이후 1990년 1월부터 상시근로자 10인 이상 사업체로, 1999년 9월부터는 상시근로자 5인 이상을 고용하는 사업장에, 그리고 2000년도 11월부터는 상시근로자 1인 이상을 고용하는 모든 사업장으로 적용 대상을 단계적으로 확대해 왔다.

오늘날 최저임금위원회는 매년 사회적 교섭을 통해 국가가 정하는 최저임금 수준과 적용 방식을 심의하고 의결하는 협치의 장이 되었다.[2] 최저임금위원회는 서민경제와 노동시장에 큰 영향을 미치는 정책적 의사결정에 협치 요소를 도입했기 때문에 그 성공 여부는 민주주의의 성숙의 정도를 가늠하는 중요한 기준이 된다. 따라

---

1 〈헌법〉 제32조 제1항 제2문은 "국가는 사회적·경제적 방법으로 근로자의 고용의 증진과 적정임금의 보장에 노력하여야 하며, 법률이 정하는 바에 의하여 최저임금제를 시행하여야 한다"라고 규정하고 있다.

2 최저임금위원회(2018), 《최저임금 30년사》, 86쪽.

서 한국 사회의 대표적인 협치 제도인 최저임금위원회가 민주적 거버넌스의 원칙에 맞게 운영되도록 노력하고, 그 결과를 평가하는 것은 중요한 의미를 지닌다.

현재 최저임금의 적용 대상은 상시근로자 1인 이상을 고용하는 사업체에 고용된 '근로자'로 그 대상이 한정된다. 상시근로자로 분류되지 못하는 특수고용노동자, 플랫폼 종사자, 프리랜서, 홀로 일하며 생계를 유지하는 사람들, 장애인, 고령자 등 저임금과 저소득으로 일하는 사람들은 여전히 최저임금 대상이 아니다. 이에 따라 최저임금 적용 대상을 소득과 생계를 위해 일하는 모든 사람으로 확대해야 한다는 요구가 큰 쟁점이 되고 있다. 이와 동시에 최저임금 적용 대상과 방식, 수준 등을 둘러싸고 경제사회적 약자 사이에 분열과 갈등이 심화되고 있다.

최저임금제도 도입 초기에는 '절대적 최저임금' 해소가 주된 목표였다. 최근의 최저임금은 경제와 사회 곳곳에 큰 영향을 미치고, 사회계층 간의 첨예한 이익 갈등과 조정이 중요한 '상대적 최저임금'의 성격이 크게 강해졌으며, 이를 둘러싼 계층 간 충돌도 점점 고조되어 왔다.

이러한 상황에서 최근 5년 동안 최저임금을 결정하는 과정에서 제기된 쟁점과 고민을 사회적 협치의 발전이라는 문제의식으로 평가하는 것은 나름의 의미가 있다. 이를 위해 이 글에서는 우선 사회적 협치를 통한 노동시장 개입 제도라는 시각에서 최저임금제도의 성격을 살펴본 후 문재인 정부 3년과 윤석열 정부 2년, 도합 5년에 걸쳐 쌓인 협치의 경험을 '공정의 균형'이라는 관점에서 검토한다.

　이익집단의 정당성 요구가 상충하는 상황에서 합리적 균형점을 찾는 것은 협치를 통한 이해조율의 핵심 과제이다. 이를 위해서는 정당성 주장 간의 거리를 좁히고, 충돌을 완화하면서, 균형점을 찾아야 한다. 공익위원은 이해조율을 촉진하고 협치가 안정적으로 운영되도록 주도해야 한다. **공익위원은 협치과정에서 입장 표명을 자제하지만, 토론, 협상, 의결을 실질적으로 주도하기 때문에 이들의 판단 기준과 고민을 이해하는 것이 중요하다.** 이 글은 공익적 관점에서 갈등을 중재하고 조율하면서 협치 공간을 열어간 경험을 평가하고, 민주적이고 포용적인 사회 발전의 길을 개척하는 데 필요한 교훈을 공유하는 데 주된 목적이 있다.

2. 협치의 딜레마:
충돌하는 공정성 요구와 공정의 균형

1) 사회적 협치와 최저임금제도

넓은 의미에서 '협치'는 민주적 거버넌스democratic governance **방식의 한 형태이다.** 이는 정부나 정치 지도자 주도의 하향식 공공정책 추진 방식에서 벗어나 정부, 기업, 시민단체 등 다양한 행위자가 공동의 공적 의제를 논의하는 네트워크를 구축하여 공론과 숙의를 통해 문제를 논의하고, 협상을 통해 견해 차이를 조정하면서 의사결정에 이르는 상향식 제도운영 모델을 지칭한다. 협치적 거버넌스에서는 집권적, 권위적 방식에서 분권적, 자율적 참여와 공동의 책임이 강조되고, 참여자들의 성숙한 책임의식과 이성적 판단 능력이 중요하다.

피에르와 피터스 Jon Pierre and B. Guy Peters**는 협치 거버넌스를 '정책 결정에서 다양한 이해 당사자가 정부 주도의 통제와 관리에서 벗어나 주체적인 행위자로서 협의와 합의 과정을 통하여 의사결정에 이르고, 이를 집행해 나아가는 사회적 통치 시스템'으로 정의했다.**[3] OECD에서

---

3   Pierre, Jon & B. Guy Peters(2000), *Governance, Politics, and the State*, New

는 경제사회적 복리 향상을 위해 관련 이해 당사자와 시민, 정부가 함께 참여하여 많은 사람의 지혜를 모아 가는 과정을 통해 공공정책을 추진하는 것을 바람직한 거버넌스 방식으로 권고한다.[4]

산업화와 정치 발전의 역사가 깊은 주요 선진국에서는 노동시장과 산업 관계 영역에서 장기간에 걸쳐 사회적 협치 모델이 발전해 왔다. 특히 사회적 시장경제 모델을 추구해 온 독일 등 유럽의 산업 선진국은 저마다의 조건에서 자신의 고유한 사회적 협치 방식으로 노동 관련 의제를 다루고 조율해 왔다.[5]

2000년대에 들어서면서 세계화, 기후환경 위기, 국가 산업 갈등 등 새로운 글로벌 의제가 부상하고, 개별 국가나 기업 차원에서 다룰 수 없는 복합적 위험에 대해 통일된 조율이 어려운 상황에서 주요 사회 당사자 간의 협치를 통한 문제 해결과 새로운 질서의 모색, 제도 혁신을 위한 노력의 중요성이 부각되고 있다.[6]

그러나 협치의 경험이 충분하지 않고, 역사가 짧은 한국에서 민주적

York: St. Martin's Press.

4 "OECD Working Papers on Public Governance", OECD lib,
   https://www.oecd-ilibrary.org/content/collection/19934351.

5 Crouch, Colin & Wolfgang Streeck(1997), *Political Economy of Modern Capitalism: Mapping Convergence and Diversity*, New York: Sage.

6 Crouch, Colin(2005), *Capitalist Diversity and Change: Recombinant Governance and Institutional Entrepreneurs*, New York: Oxford University Press.

거버넌스는 많은 진통과 혼란을 경험하고 있으며, 협치의 안착이 결코 쉽지 않음을 보여 준다.

협치적 거버넌스는 이해 주체의 참여, 활발한 공론장, 과정의 투명성, 결정의 민주성을 중시하기 때문에 민주주의 발전과 긴밀한 상관관계가 있다. 그러나 협치의 내용과 수준은 의제와 맥락 및 사회적 조건에 따라 다르고, 결정과정은 상황에 따라 가변적이다. 협치는 공공정책의 민주성과 신뢰성, 포용성을 촉진하는 모델로 민주적 정부가 지향해야 할 방향이지만, 그 내용과 방법은 의제의 수준, 정책의 성격, 추진 맥락, 참여 방식 등에 따라 다양한 방식으로 채워질 수 있다.

협치와 포용의 중요성은 공공과 민간 부문 모두에서 빠른 속도로 공감대를 확산하고 있다. 협치적 거버넌스는 공공정책과 정부를 넘어 민간 영역에서도 지속가능성을 가늠하는 중요한 기준으로 부상했다. 기업 활동이 지구촌의 환경, 사회의 지속 가능성, 거버넌스 전반에 미치는 영향을 고려하고, 이를 투자와 기업 가치 판단 기준으로 설정하려는 움직임이 강화되고 있다. 협치의 수준과 성과에 대한 평가는 정치와 사회의 공론장 영역에서도 활발히 시도되고 있다. OECD는 협치 수준의 향상을 통해 사회적 신뢰를 강화하고, 공정성을 향상시키며, 기회를 확대할 수 있을 것으로 기대하며, 이를 권고한다.

협치적 거버넌스 방식을 채택하는 한국의 최저임금제도는, 87년 이후 민주화 운동이 달성한 중요한 제도적 성취이다. 시장경제의 가격 결정 논리에 따르면 임금과 고용은 수요와 공급 기제에 의해 결정된다. 그러나 시장 임금은 사회적 정의와 공정의 원칙에 부합하지 않는 승자 독식을 초래할 수 있다. 한국의 최저임금제도는 이를 방지하기 위해 사회적 합의를 통해 시장 균형 이상으로 임금 수준을 강제할 수 있도록 허용하는 법정 규범 임금이라는 점에서 시장 임금과 차별화된 사회적 임금 결정 기제이다.

1988년부터 시행한 최저임금은 국가의 행정적 결정이나, 입법부의 고시보다 이익 대표자 간의 자율적 협치를 통해 결정하는 사회적 협약 임금의 성격을 지니게 되었다. **최저임금제도는 저임금 노동자가 임금소득으로 최소한의 생계를 유지할 수 있도록 지원하기 위해 임금 수준과 적용 대상을 결정할 때 사회적 협치를 거쳐서 진행할 것을 명문화했다.**

최저임금위원회의 구성과 의결은 근로자 대표 9인·사용자 대표 9인·공익 대표 9인, 총 27명으로 구성되는 3자 협의체를 통해 이루어진다. 협의체적 결정 모델을 도입한 것은 최저임금이 노동자와 사용자, 그리고 공공 이익 간에 균형을 이루면서 공론을 통한 절충을 거쳐 민주적 협치 방식으로 결정할 사안임을 인정했다는 의미이다.

〈그림 3-1〉 최저임금위원회의 의사결정 구조

근로자의 생활안정과 노동력의 질적향상 — 임금격차 — 최저임금제도 — 소득분배 개선 — 국민경제의 건전한 발전

최저임금 결정기준

근로자의 생계비   유사근로자의 임금

노동생산성   소득분배율

+

최저임금액 결정 단위

시간   일   주   월

위원회의 심의 규정은 노동자와 사용자의 이익이 대립하여 의견 접근이 어려운 상황에서도 최저임금 수준에 대한 의결이 이루어질 수 있도록 공익을 대표하는 위원들이 중재와 협상을 촉진하고, 필요한 경우 표결을 통해 의사결정권을 적극적으로 행사할 수 있도록 역할을 규정한다. 공익위원은 협치과정에서 노사의 거리를 좁히고 이견을 해소하는 중재자이지만, 최종 의사결정에 큰 영향력을 행사할 수 있다.

위원회는 노·사·공익 3자 협의체 형식의 심의 및 의결 기구이지만 최종 표결 단계에서 노와 사의 입장은 서로 상쇄된다. 노와 사가 의결권을 갖지만, 이들의 의결권이 최종 단계의 심의를 결정적으로 좌우하기는 힘들다.

노와 사의 균형을 조율하는 것은 공익위원이 주도한다. 노와 사는 자신들의 입장을 설득하고, 영향을 미치기 위해 공론장에서 발언권을 최대한 활용하고자 노력한다. 그러한 이유로 최저임금 심의에서 노와 사의 입장은 극명하게 대비된다. 노와 사의 구조적 대립과 대결 상황에도 불구하고 주어진 심의 기간 내에 최저임금 수준을 의결해야 한다.

따라서 타협을 통한 합의가 이루어지지 못할 때 공익위원이 협의를 촉진하고, 필요한 경우 최종 표결에 결정적인 역할을 할 수 있도록 하였다. 공익위원은 심의 과정에서 독자적 입장 표출을 극도로 자제하기 때문에 그들의 판단 기준과 고민이 제대로 알려지기 힘들다. 그러나 이들이 어떤 판단과 기준으로 심의를 주도하고, 노사의 거리를 좁히기 위해 노력해 왔는지 평가하는 것은 정책적으로 중요한 의미가 있다.

최저임금위원회의 심의와 의결 방식은 이해 당사자의 참여와 발언을 통해 의견을 수렴하고, 상충하는 이해를 대화와 협치를 통해 조율해 나아가는 과정을 존중하고, 그 결과를 정부가 이견 없이 수용하는

협치적 의사결정 모델과 가장 근접해 있다. 이는 권위주의 시대의 행정주도적 의사결정 방식을 탈피하여 토론과 협상 및 협치적 과정을 존중한다는 점에서 민주적 협치의 성과이다.

한국의 최저임금 심의는 사회적 협치와 숙의 과정에서 이해당사자들이 최저임금 수준을 협상negotiation 할 공간을 허용한다. 이 공간에서 근로자 대표와 사용자 대표는 자신들의 요구를 반영하기 위해 각자의 논리와 근거를 최선을 다해 주장할 수 있다. 그러나 노와 사는 각자 '최대 이익'을 주장하기 때문에 어느 일방의 입장을 그대로 수용하여 의결하면 민주적 협치 원칙에 어긋난다.

이에 따라 공익위원은 노동자와 사용자의 거리를 좁혀 원만한 수준으로 합의에 이를 수 있도록 협상을 촉진해야 한다. 공익위원은 이해의 균형과 공정성 기준을 유지하면서 의견 접근을 촉진하는 행위자로 독자적 의견 제시를 자제하지만, 주어진 일정이 촉박한 상황에서 필요한 경우 심의 촉진을 위한 견해를 제시하고, 그 범위 내에서 노사의 거리를 좁힐 수 있도록 노력하게 된다.

사회적 협치에서 이익집단 대표자는 최종 합의에 도달하기 어려울 수 있다. 이들이 합의에 도달하기 힘든 이유는 각자가 대변하는 이익집단 내에서도 상호 간의 최종 이해조율이 어려울 수 있고 기득권 또한 포기하기 어렵기 때문이다. 이에 따라 최종적인 의결 단계에서는 공익위원들이 균형추를 주도한다.

〈그림 3-2〉 한국 최저임금제도의 3자협치 의사결정 모델

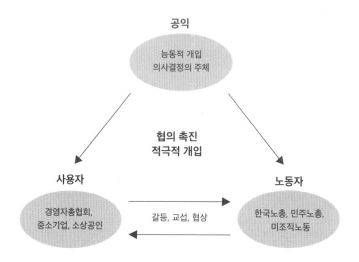

〈그림 3-2〉는 한국 최저임금제도의 3자 협치적 의사결정 모델을 보여 준다. 거버넌스의 핵심 과정에서 협의를 촉진하고 이견을 중재하며, 의사결정에 참여하는 공익위원의 적극적 역할이 매우 중요한 것을 알 수 있다.

사회적 협치와 교섭 공간을 허용하는 의사결정 방식은 복잡하고 어려운 논의를 거치지만 이에 대한 평가는 노동시장에 미친 영향에 따라 사후적으로 달라질 수 있다. 최저임금 결정 과정에서 노·사·공익 간 치열한 숙의를 진행해 합의에 도달할 수 있지만, 이렇게 되는 경우는 거의 없다. 합의가 어려운 상황에서 노, 사 혹

은 공익의 최종적인 중재안에 대해 표결을 시도하는 절차를 진행할 수밖에 없다. 이 과정은 의결의 속성상 노와 사의 입장이 상호 상쇄되는 상황에서 공익위원이 주도한다. 이러한 절차를 거쳐 도달하는 최종 표결에서 다수의 지지를 받아 의결된 임금이 다음 해의 최저임금 기준으로 결정 및 고시되어 왔다.

3. 협치의 진화

다론 아제모을루Daron Acemoglu와 제임스 로빈슨James A. Robinson 은 한 사회가 협치와 포용으로 민주적 발전을 이루는 경로를 개척하기 위해서는 경제사회 발전 단계와 길목마다 극복해야 할 저항과 함정이 존재할 수 있으며, 포용적 발전의 길에 놓인 장벽을 넘어서지 못하면 민주주의는 권위주의나 통치 불가능의 혼란 상태로 퇴행할 수 있다고 경고한다. 이들은 성숙하고 포용적인 협치적 민주주의가 정착하는 경로를 사회적 붕괴나 독재의 위험이 도처에 잠복한 좁은 회랑narrow corridor을 개척하는 과정에 비유한다.[7] **경제성장과 민주주의 발전, 사회적 포용성 진화가 선순환하**

---

7   Acemoglu, D. & Robinson, J. A.(2019), *The Narrow Corridor: States, Societies,*

는 사이클은 사회적 협력과 신뢰의 수준을 높이는 것으로 가능하지만, 이 경로에 안착하는 것은 매우 어렵다는 의미이다.

협치를 통한 의사결정은 다양한 민주적 의사결정의 한 형태이다. 사회적 협치 방식은 87년 체제의 성립과 더불어 사회적, 조직적 의사결정의 다양한 부문과 영역에서 부침을 거듭하면서도 발전해 민주주의의 핵심 내용을 구성하게 되었다. 협치의 장점은 민주적 합의를 기반으로 높은 수준의 신뢰를 구축하고, 협상을 통해 유연하게 접근할 수 있다는 데 있다.

반면 관용과 인내를 요구하는 제도의 속성상 의사결정이 느리고, 복잡하며, 상황 변화에 능동적으로 대응하지 못하는 한계가 있다. 이러한 장단점에도 불구하고 한국이 민주화하는 과정에서 협치는 충돌하는 경제 및 사회적 이익을 민주적으로 조율하는 방법으로 행정과 조직의 다양한 영역에서 폭넓게 수용되어 왔다. 이렇게 볼 때 협치의 성숙과 민주주의의 발전 간에는 긴밀한 상관성이 있으며, 이는 민주주의 사회에서 협치적 의사결정이 많은 결함에도 불구하고 사회적 합리성, 포용성, 신뢰 수준을 증진하는 더 나은 방식이라는 것을 시사한다.

최저임금위원회는 지난 36년 동안 협치적 의사결정을 추구하면서

---

and the Fate of Liberty, Penguin Press.

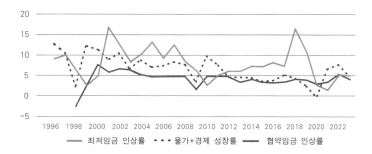

〈그림 3-3〉 최저임금 인상률, 물가+경제 성장률,
협약임금 인상률 추이(1996~2023)

출처: 최저임금위원회 심의 자료

그 위상과 역할의 중요성이 커지는 방향으로 발전해 왔다. 운영 초기에 위원회는 노동부 내 행정심의위원회 수준에서 운영되었지만, 2000년대에 들어서면서 최저임금위원회라는 독립적인 심의·의결 기구로 격상되었다. 위원회의 제도적 위상 정립과 더불어 최저임금이 노동시장과 일자리에 미치는 영향도 과거와는 비교할 수 없을 정도로 커졌으며, 시장 임금 이상의 적극적인 인상 기조를 유지하면서 저임금 노동자의 처지를 향상하고, 노동자의 삶을 개선하는 중요한 제도적 버팀목이 되어 왔다.

〈그림 3-3〉은 1996년부터 2023년까지 우리나라 최저임금 인상률, 물가+경제 성장률, 협약임금인상률 추이를 보여 준다. 이 표에서 보는 바와 같이 2000년 이후 한국의 최저임금은 글로

벌 금융위기(2009~2011), 코로나 팬데믹(2020~2022) 기간처럼 경제적 위기국면을 제외하면 경제 성장률과 물가상승률을 더한 수치의 추이를 따라가면서도 단체협약을 통해 결정되는 '협약임금' 수준보다 높게 의결되었다. 최저임금 수준이 꾸준히 높아지면서 최저임금을 심의하고 공론하는 장에서는 경제와 고용, 임금제도와 수당 구조, 노동시장 제도, 임금과 소득 격차, 외국인 노동자 유입, 더 나아가 국가 재정에 주는 영향 등 다양하고 복합적인 고민이 필요한 요소가 토론 영역에 추가되었다.

최저임금 수준이 꾸준히 높아지면서 그 영향과 파급 효과 또한 노동시장과 사회 운영 전반에 폭넓은 영향을 미치는 경제적 변수가 되었다. '절대적 최저임금'이 아닌 '상대적 최저임금'이 더 중요해진 것이다. 이에 따라 최저임금을 결정하기 위해서 고려할 사항 역시 과거와는 차원이 다르게 복합적으로 변모했고 다양한 경제사회적 영향을 따질 수밖에 없게 되었다. 오늘날 한국의 최저임금은 노동시장과 고용, 중소기업이나 소규모 영세 사업장의 지불 능력과 비즈니스의 지속가능성, 기업의 자동화 투자, 그리고 국가 재정까지 광범위하게 영향을 미치는 경제 정책의 변수가 되었다.

민주주의의 발전과 더불어 사회적 협치가 정착하는 과정은 길고도 험난하다. 협치가 성립하기 위해서는 '사회적 의제 설정'social agenda setting이 전제조건으로 필요하다. 사회경제적 도전 과제를 두고 사회 세력이 갈등과 대결을 거듭하면서 그러한 의제를 공적 영역에서 다루는 것에 대해 공감대를 형성한다. 갈등과 긴장을 해소하기 위해 시작된 사회적 논의와 대화는 사회경제적 의제를 다루는 절차를 제도화하는 것으로 이어진다.

협치를 통한 의사결정은 복잡한 절차와 논의 과정을 요구하기 때문에 이를 뒷받침하는 법과 제도의 정비를 필요로 한다. 이때, 참여하는 사회경제적 이익 대표자의 책임에 상응하는 적격성을 비중 있게 고려해야 한다. 의제를 확정하고 논의의 틀을 마련하고 의사결정 방식을 제도화하면, 주기적으로 협상과 의사결정을 진행할 수 있다. 이러한 과정을 안정적으로 유지하면 사회적 협치는 민주적 거버넌스의 중요한 일부가 된다. 제도적 의사결정을 할 대상이 확장되고, 그 영향이 커지면서 다양하고 복합적인 영향을 미치기 시작하면 해당 제도는 사회 시스템과 체제를 움직이고, 사회를 움직이는 운용체계로 정착한다.

협치는 이론보다 실천이 훨씬 어렵다. 협치를 위해 필요한 조건을 충족해야 하며, 협상의 과정이 지난하고 고통스러운 데다가, 협치 결과에 대한 사후 평가가 또한 부담스럽기 때문이다. 민주주의 사회에서 협치와 공론에 대한 기대는 크지만 이를 통해 해결하거나 결정하는 사안이 많지 않을 수 있다. 협치 과정에서 진행하는 협상은 이익의 교환과 관용을 전제로 하지만, 아방我方의 이익이 타방他邦의 불이익이 되는 제로섬 게임 상황에서 합의로 의사결정하는 것은 극히 어렵다.

자신의 이익을 지키면서 상대방의 양보를 얻어내려는 이해 당사자 사이에서 협치와 교섭을 통해 접근하기를 시도하는 것은 제로섬 게임과 매우 유사하다. 상대방의 이익을 수용하는 것이 나의 이익을 희생하는 상황이 되면 협치를 통한 공정의 실현은 더욱 어려워진다. **상충하는 공정성 주장이 충돌하는 상황을 넘어서는 방법은 개별적 공정성을 넘어 사회 전체의 공정성이라는 초월적 기준과 조화를 도모하는 것이지만, 이에 동의하지 못하면 최적의 합의 수준에 대해서 표결 절차를 진행하는 수밖에 없다.**

이익집단의 공정성 요구가 충돌할 때 최종적인 조율의 부담은 이익 균형을 공정하게 고려하는 공익적 개입을 통해 이루어질 수밖에 없다. 그러나 이 경우 '불만의 균형' 상태로 이어진다. 이런 의사결정이 반복되는 상황에서는 과거 결정이 현재에 영향을 미치고, 현재가 다시 미래의 평가로 연결되는 복잡한 순환적 경로가 만들어진다. 이 때문에 **장기적 지속가능성의 관점에서 협치 참여자가 동의할 수 있는 안정적인 공정성 기준과 결정 규칙을 도출하는 것이 중요하다.**

이해 당사자가 사회적 협치와 숙의를 진행할 협상 공간을 폭넓게 허용하는 것은 우리나라 최저임금제도의 중요한 특징이다. 사회적 공론

과 협상 공간이 존재한다는 사실이 우리나라 최저임금제도의 유연성과 불확실성을 동시에 규정한다. 사회적 협치 방식으로서 최저임금제도가 실효성 있는 의사결정 방식으로 작동하기 위해서는 공적 이익을 대변하는 위원의 '균형자' 역할이 중요하다. 합리적 토론과 절차를 거쳐 합의에 도달하지 못하면 위원회의 신뢰가 훼손되기 때문에 공익위원의 균형 있는 합리적 판단이 필요하다.

최저임금 심의에 대한 사후 평가는 노동시장에서 하는 평가와 정치적 공론장인 국회에서 하는 평가가 다를 수 있다. 노동시장에 미친 영향은 다음 해 심의 과정에서 변수가 될 수 있다. 정치적 공론장인 국회의 평가로 인해 심의가 정책적 검증 및 평가의 대상이 될 수 있다. 우리나라의 최저임금제도는 사회적 협치와 협상의 논리를 수용하면서 주어진 기간 안에 표결에 의해 의사결정하는 것을 제도화하고, 국회가 그 결과와 영향에 대해 감사 및 평가를 하고 이에 응하는 반복적 의사결정 사이클을 제도화하고, 이를 운영하는 경험을 축적함으로써 상당한 수준의 안정성을 획득했다. 운영 과정에서 불확실성과 유연성이 큰 것이 우리나라 최저임금 결정 방식의 중요한 특징이지만, 이러한 불확실성은 민주적 협치의 정신을 존중하는 제도의 고유한 특징으로 볼 수 있다.

4. 최저임금과 협치: 공정의 균형 찾기

1) 최저임금의 적극적 인상(2018~2019)

문재인 정부 5년의 기간 동안 한국의 최저임금은 극적인 부침을 겪었다. 문재인 정부는 전반부 2년 동안 '노동존중' 정부를 표방하면서 임기 중 1만 원 달성을 목표로 적극적인 최저임금 인상을 추진하였다. 정부의 최저임금 인상 기조 속에서 최저임금위원회가 2018년 16.4%와 2019년 10.9% 인상을 의결하면서 2년 연속 두 자릿수 인상이 이어졌다.

문재인 정부 정책 당국자는 최저임금 인상으로 노동자의 생활과 삶의 여건을 빠르게 개선하고, 고용의 질도 높이는 긍정적 효과를 기대했다. 그러나 빠른 최저임금 인상은 지불 능력이 취약한 중소기업과 자영업자의 인건비 부담을 가중하는 부작용을 초래했고, 지지기반에서 중소기업과 자영업자가 이탈하는 결과를 초래했으며, 최저임금이 경제, 고용, 노동에 미친 다양하고 복합적인 영향을 두고 활발한 토론이 분출했다.[8]

문재인 정부 초기에 시행한 적극적 최저임금 인상은 노동존중 정부

---

8 소득주도성장특별위원회(2021), 《최저임금정책에 대한 평가와 향후 과제》.

의 핵심 정책 목표였지만, 이를 추진하는 과정은 험난했다. 일주일에 15시간 이상을 일하면 하루 임금을 더해 주는 주휴수당 제도는 최저임금의 부담을 증폭하는 결과를 초래했다. 자영업자가 주휴수당 부담을 회피하기 위해 단시간 근로자를 선호하면서 초단시간 노동자가 급증하고, 이들에게 고용불안이 전가되는 현상이 나타났다. 자영업자나 플랫폼 기업은 초단시간 근로자에 대해 근로기준법이 정한 연차휴가, 주휴수당, 퇴직금을 지급할 의무가 없기 때문에 인건비 절감을 위해 초단시간 노동자들을 쓸 이유가 충분했다. 그 결과 초단시간 근로자 수는 2016년 87만 명 수준에서 2022년에는 179만 명 수준으로 2배 넘게 폭증했다.

유난히 복잡한 수당을 최저임금에 산입하는 문제 등도 사전에 충분히 검토하지 못했다. 노동자의 임금이 최저임금 언저리에 집중된 상황에서 하위 임금 구간 근로자들이 중위 영역 근처로 이동함에 따라 최저임금 인상이 임금 전반을 밀어 올리는 케스케이딩 cascading 현상이 나타났다. 이에 따라 저임금 노동자가 최저임금을 중심으로 좁은 임금 구간에 집중되었다.[9] 최저임금 인상으로 차상위 임금 계층에 대한 연쇄적 임금 인상 압력이 가해

9   오민규(2023. 11. 22), "한국 노동자의 임금분포는 '최저임금에 갇혀버렸다'," 〈프레시안〉, https://www.pressian.com/pages/articles/202311212156580 8339.

지면서 중소기업의 불만도 급증하였다. 정부 내에서도 최저임금 속도 조절이 필요하다는 목소리가 커지고 있었지만, 인상을 주장하는 분위기가 지배적이었다.

2년에 걸친 최저임금의 적극적 인상 기조는 하강하는 경제 및 고용 상황과 상당한 엇박자를 초래했고, 고용과 일자리에 미치는 긍정적 효과는 기대보다 낮았다. 문재인 정부 이전부터도 최저임금 인상 기조는 글로벌 금융위기 이후 10여 년 가까이 이어져 왔기 때문에 추가적 고율 인상은 고용과 경기에 부작용을 초래할 가능성이 컸다. 최저임금이 절대적으로 낮았던 시기에는 경제 성장률에 물가 수준을 더하고도 최저임금을 추가적으로 인상하는 것이 어느 정도 가능했지만, 높은 수준의 기존 최저임금 인상 기조를 훨씬 뛰어넘는 고율 인상으로 취약한 경제 부문에 상당한 추가적 부담과 충격을 가해서 초단시간 노동자의 급증과 고용 정체 등 노동시장의 부작용이 현실화되자 정책 기조는 최저임금 인상 속도 조절로 방향을 틀었다.

문재인 정부 초기의 고율 최저임금 인상은 저임금에 의존하던 소상공인 비즈니스가 처한 구조적 위기를 전면에 드러내는 계기가 되었다. 경제적 양극화로 정부가 취할 수 있는 선택의 여지가 협소하다는 취약점도 그대로 노출되었다. 꾸준한 최저임금 고율 인상 기조에 더해 2년간 연속적으로 일어난 추가적 고율 인상은 저임금에 의존하던 경제 부문에 충격을 초래했다. 최저임금이 국가 재정에 주는 영향도 이 시기에 전면적으로 표면에 떠올랐다. 최저임금이 고용보험, 산재보험 등 26개 이상의 법령에서 공적 지급 기준으로 폭넓게 활용되면서 재정에 대한 영향도 새로운 장애 요인으로 등장하였다. 노동존중 정부의 상징적 정책으로 최저임금 1만 원 시대를 열겠다는 정치적 목표가 암초에 직면했다.

최저임금이 문재인 정부 초기에 큰 사회적 반향을 불러일으킨 또다른 배경으로는 2000년부터 최저임금 적용 대상을 1인 이상 고용 전체 사업체로 확장하면서 최저임금의 영향 범위가 증폭되었다는 사실이 기저에 자리한다. 2000년 전까지 최저임금 적용 대상은 5인 이상 고용 중소 사업체로 한정됐다. 2000년 이후 그 대상을 근로기준법 적용 대상자를 넘어 전체 사업체로 확장하면서 특히 소상공인이 최저임금 심의에서 핵심 이해 당사자가 되었다. 이에 따라 최저임금위원회를 구성하는 사용자 대표에서 소상공인이 차지하는 위상과 목소리도 커졌고, 이들의 영향과 저항이 새로운 변수로 상당한 영향을 미치게 되었다.

최저임금이 생계비에 비해 훨씬 낮았던 시기에는 임금 인상의 영향은 저임금 노동자로 제한되었다. 그러나 문재인 정부가 집권한 시기에 최저임금은 이미 고용과 사업에 부담을 가하는 임계점 근처까지 올라온 상태였다. 이 시기를 지나면서 한국의 최저임금은 저임금과 낮은 노동 비용에 의존해서 생계를 꾸리는 사람 모두에게 영향을 미치는 중요한 변수가 되었다.

최저임금 인상은 저소득 계층 내부에 잠재한 저임금 노동자와 저소득 자영업자 간의 경제적 갈등을 극명히 드러냈다. 노동자에게 생계가 걸린 임금은 자영업자에게는 사업이 걸린 비용이었기 때문에 두 경제적 취약계층의 이익은 충돌할 위험이 컸다. 소득이 양극화된 상황에서 절대다수의 근로 계층이 최저임금 영역에서 소득을 유지하는 상황에 몰리자 저소득층 내부에서 이해 갈등을 표면화한 것이다. 저임금 노동자 계층, 중소기업, 소상공인, 다양한 고용 약자 계층 간에 최저임금을 둘러싼 불만이 증폭되면서 노동시장의 계층성과 분절성이 경제적 약자층 내부에 존재하던 새로운 갈등과 균열을 심화하는 결과로 이어졌다. **이런 상황에서 최저임금위원회는 이해 대표자들 간의 거리를 좁히고 타협을 통해 상황을 타개해야 하는 어려운 도전 과제를 떠안았다.**

문재인 정부 초기 최저임금 인상 기조를 주도한 것은 공익위원들이었다. 일부에서는 공익위원의 위상을 정부의 대리인으로 취급하는 경향이 있지만, 공익위원은 각자가 독자적인 입장을 견지할 수 있다. 이 때문에 공익위원의 입장이 하나의 방향으로 수렴되지 않을 수 있다. 이 시기에는 공익위원 내에서도 최저임금의 인상 기조와 수준에 대해 적지 않은 이견과 충돌이 있었다.

〈표 3-1〉 최저임금 인상률과 주요 경제지표 추이

연도	최저임금 인상률	소비자물가 상승률	경제 성장률	최저임금 영향률	중위임금 대비 최저임금 수준
2024	2.5	-	-	3.9	-
2023	5.0	3.6	1.4	6.5	62.0
2022	5.05	5.1	2.6	4.7	60.9
2021	1.5	2.5	4.3	5.7	61.4
2020	2.87	0.5	-0.7	8.6	62.5
2019	10.9	0.4	2.2	18.3	62.7
2018	16.4	1.5	2.9	18.0	58.6
2017	7.3	1.9	3.2	14.4	52.8
2016	8.1	1.0	2.9	8.7	50.4
2015	7.1	0.7	2.8	6.0	48.6
2014	7.2	1.3	3.2	6.5	45.8
2013	6.1	1.3	3.2	8.5	44.2
2012	6.0	2.2	2.4	10.2	42.9
2011	5.1	4.0	3.7	9.7	45.5
2010	2.8	2.9	6.8	8.3	45.1
2009	6.1	2.8	0.8	5.1	45.2
2008	8.3	4.7	3.0	-	43.6
2007	12.3	2.5	5.8	-	42.9
2006	9.2	2.2	5.3	-	38.9

출처: 1) 소비자물가 상승률: 통계청, 《소비자물가조사》
. 2) 경제 성장률: 한국은행, 《국민계정》
3) 최저임금 영향률: 최저임금위원회, 《임금실태 등 분석》, 《최저임금 심의편람》
고용형태별 근로실태조사 기준
4) 중위임금 대비 최저임금: OECD.

이 갈등 과정에서 공익위원 다수가 정부의 적극적 인상 기조에 동조함으로써 높은 수준의 최저임금 인상이 2년 동안 이어질 수 있었다. **그러나 최저임금의원회가 내린 결정이 상당한 논란거리로 부상함에 따라 공익위원의 판단에 대해 정치권을 중심으로 거센 비판이 이어졌다.**

이 상황에서 공익위원 내부의 이견과 갈등을 해소하지 못한 채 기존 위원이 모두 사임했고, 이를 대신하여 새로운 공익위원을 임명할 수밖에 없었다. 새로 임명된 공익위원들은 남은 임기 동안 최저임금 심의를 주도하는 부담을 떠안게 됐다. 최저임금위원회 구성은 고용노동부를 통해 이루어지기 때문에 정부가 임명한 공익위원은 정부의 의견을 대변한다고 볼 수도 있다. 그러나 넓은 의미에서의 정부란 다양한 이익이 수렴되는 정책 생태계의 주요 행위자이고, 그 내부의 입장도 복잡하게 조율되기 때문에 공익위원을 정부의 단순 대리인으로 규정하는 것은 무리가 따른다. 공익위원은 여러 정부 기관에서 제기하는 견해와 발표하는 자료를 평가하고, 최종적으로 본인의 입장을 정할 수 있다는 점에서 자율적 의사결정의 주체로 보아야 한다.

2) 최저임금 속도 조절(2020)

2019년에 새로 임명된 공익위원은 최저임금을 둘러싼 갈등과 긴장이 고조되는 상황에서 최저임금이 노동시장에 주는 복합적인 영향을 종합적으로 평가하는 동시에 새로운 방향과 수준을 모색해야 하는 무거운 부담을 떠안았다. 최저임금위원회는 2020년의 최저임금 수준에 대해 노사의 거리를 좁히고 합의에 근접하는 인상 수준을 찾기 위해 노력했지만, 사용자와 노동자 대표들은 합의에 이를 수 없었다. 두 차례에 걸친 합의 촉진 구간 제시 등 타협을 위한 적극적인 노력이 있었지만, 노측은 6.0%를, 사측은 2.87%를 각자의 최종안으로 제시하였다. 위원회는 양자의 동의하에 두 안을 표결에 부쳤고 사측 안을 다수결로 채택하였다. 이 과정에서 논의 당사자들이 최종 합의에 도달한 것은 아니지만, 노사 모두 논의 과정과 최종 표결까지 참여하였고, 결과를 수용하였다.

2019년 최저임금 심의는 한편으로 민주적 협치와 교섭 방식의 장점과 위험을 동시에 보여 주었다. 의견이 다른 두 집단의 입장을 접근시키고 조율하기 위해 노력하였지만, 양자의 거리가 큰 상태에서 표결이 이루어짐에 따라 그 결과에 대해 어느 일방의 불만을 키울 위험이 돌출했다. **협치를 통한 이해조율이 초래할 수 있는 사후적 리스크를 줄이기 위해서는 합의가 최선이지만, 합의가 이뤄지**

기 힘들 경우 이견을 좁히기 위해 끝까지 노력해야 한다는 교훈을 남겼다.[10]

2019년 심의에서는 여러 새로운 사회경제적 이슈도 한꺼번에 부상하였다. 이 시기를 전후해서 1개월 환산 최저임금이 단신 근로자 1인가구 생계비의 80%를 상회하기 시작하였다.[11] 국제적 수준에서도 한국의 최저임금은 아시아의 최고 고임금 국가이자 주요 '벤치마킹' 대상이었던 일본에 근접하게 되었다.

최저임금 수준이 올라가면서 절대적 임금 빈곤층뿐 아니라 차상위 계층 임금에도 순차적으로 도미노식 상승 압박을 가했다. 하위직 공무원, 공공기관 공무직, 돌봄 및 복지 영역 일자리, 정부 재정 의존 일자리와 더불어 민간 부문 저임금 노동자의 최초 임금 기준이 최저임금을 기초로 설계되었거나, 최저임금 언저리에 임금이 집중된 상황이 최저임금 협상이 하반기에 이어지는 공공부문과 공무원의 임금 인상 기준을 제시하는 결과로 이어졌다. 최저임금이 공무원의 임금, 정부의 예산 계획, 사회보장 지출, 사회적 취약계층 지원 사업 등 다양한 영역에서 복합적인 영향을 미치는 경제 정책 변수가 된 것이다.

최저임금 논의의 무게중심이 '절대적 최저임금'에서 '상대적

---

10 최저임금위원회(2020), 《심의편람》.
11 최저임금위원회(2024), 《활동보고서》.

최저임금'으로 바뀌면서 위원회의 공론장에서는 경제적 취약 집단 사이의 이익 충돌이 두드러지기 시작했다. 이견 충돌이 격화하면서 이해 대변 조직은 정치권이나 여론을 통해 영향을 미치기 위해 조직적으로 움직였고, 이는 '최저임금의 정치화'로 이어졌다.

노동 진영에서는 최저임금이 최저임금 자체로 머물러서는 안 되고 전체 노동자의 임금 수준을 규정하는 '국민임금'으로 격상되어야 한다고 생각했다. 최저임금에 대한 높아진 기대는 최저임금을 고유 목적을 넘어 노동시장의 과도한 보상 격차를 해소하고, 사회 불평등 극복하기 위한 정책 수단으로 활용해야 한다는 주장으로 이어졌다.

다른 한편 최저임금의 빠른 인상으로 영세 소상공인과 자영업자의 경제적 어려움과 사회적 취약계층의 고용 불안감이 표면화됨에 따라 갈등과 불확실성이 자라났다. 이러한 상황에서 최저임금위원회는 노동 진영의 기대보다 인상률이 낮은 사용자 진영의 최종안을 의결함으로써 최저임금의 적극적인 속도 조절 필요성에 동의한 것으로 볼 수 있다.

2020년 최저임금 수준을 논의하는 과정에서는 새로운 노동시장 의제가 부상했다. 특히 지불 능력이 취약하고, 경기 변동에 큰 영향을 받는 영세 자영업이 집중된 도소매 · 음식 · 숙박업 등에서 최저임금이 빠르게 인상되는 데 대한 반발이 강했다. 최저임금 인상률이 큰 폭으로 급등락을 거듭하고 사회경제적 약자층 간 충돌이 표면화하는 상황에서 임금 결정의 합리성과 예측 가능성을 높이면서 민주적 타협의 정신을 살리는 것이 더욱 어려운 과제가 되었다.

노동시장 격차와 고용 불안정에 효과적으로 대응하기 위해 임금 수준을 구분해서 결정해야 한다는 주장도 거세게 제기되었다. 표준적 고용관계가 주는 각종 보장과 보호로부터 제외된 노동시장 취약계층을 보호하기 위해 최저임금 인상 기조를 유지해야 한다는 주장 또한 무시할 수 없는 상황이었다. 상충하는 경제적 이익집단이 각자의 요구를 위원회의 공론장에서 제기하고, 사회적 지지를 얻어내기 위한 치열한 여론 경쟁이 격화되는 가운데 최선의 타협점을 찾는 것이 위원회의 큰 과제가 되었다.

3) 코로나19 팬데믹 위기와 최저임금(2021~2022)

최저임금 인상 속도 조절 문제가 노사 간 핵심 현안으로 떠오른 가운데 2020년에 시작된 21년 최저임금 결정 논의는 누구도 예상하지 못했던 경제·사회적 위기 상황에서 진행될 수밖에 없었다. 코로나19 감염병이 전 세계로 급격히 확산하는 가운데, 각국이 국경을 폐쇄하고 경제활동과 인적 교류는 급격히 위축되었다. 국내외를 막론하고 사회적 거리두기가 강제되고 재택근무가 확산되었다. 코로나19는 장기적 침체와 구조조정 국면을 벗어나지 못하던 중소기업과 소규모 대인 서비스 산업에 치명타를 입혔다. 팬데믹 확산이라는 경제 외적요인이 모든 경제적 요인을 압도하면서, 글로벌 경제위기에 버금가는 비상경제 대응 조치가 동시다발적으로 시행되었다. 정부는 심각한 경기침체와 대량실업을 막기 위해 각종 비상경제 대책을 동원했고, 일자리를 지키기 위한 대규모 재정 투입과 신용 확대 등 대대적인 확장적 통화·재정 정책을 시행했다.

코로나19가 촉발한 급격한 경기침체는 서민경제 영역에서 더욱 심각했다. 감염병 예방을 위한 사회적 거리두기는 소규모 대면 서비스 업종 전반에 먹구름을 드리웠고, 경제활동이 급격히 위축하면서 고용시장에 충격을 줬다. 이러한 상황에서 2020년에 진행된 최저임금 심의는 엄중한 경제적 비상 상황에 초점을 두고 진행할 수밖에 없었다. **2020년 심의에서는 지난 3년간 이어진 인상 수준의 영향이나 효과에 대한 논의보다 일자리 안정화와 대량실업 방지에 도움이 되는 최선의 임금 수준을 찾아야 하는 새로운 과제와 씨름할 수밖에 없었다.**

이 기간에 공익위원은 최저임금을 구분하여 적용하려는 시도가 경제적 비상 상황을 극복하는 데 큰 도움이 되지 못한다고 판단하고, 해당 의제에 대한 논의는 조기에 기각하는 대신 팬데믹 위기 극복을 위한 적절한 임금 수준 논의에 주력하였다. 노사 간에는 치열한 논쟁이 이어졌지만 합의에 이르지는 못하였고, 결국 2021년 최저임금은 전년 대비 2.5% 인상된 8,720원으로 의결되었다. 이는 2000년대 이후 최저임금 역사상 가장 낮은 인상 수준이었다.[12] **팬데믹 시기에 최저임금 인상률 수준을 과감하게 낮춘 것은 아무도 예상하지 못했던 '천재지변' 수준의 위기에 적극적으로 대응해야 한다는 공익위원들의 위기감이 반영된 결과로 볼 수 있다.**

팬데믹 시기 동결에 가까운 낮은 임금 인상은 IMF 경제위기나 글로벌 금융위기 시기에 버금가는 적극적 대응이었다. 2021년 최저임금에 대해서는 경제사회 주체들이 여러 의견을 표출했다. 그러나 코로나19가 급속히 확산하는 가운데 저임금 노동자의 일자리와 자영업자의 어려운 여건을 감안하면, 일자리를 지키기 위한 최선의 방안을 시급히 찾아야 한다는 데 폭넓은 사회적 공감대가 형성되었다.

2021년의 최저임금에 결정적인 영향을 미쳤던 코로나 팬데믹의 파급력은 2021년에 시작된 2022년 최저임금 수준 결정 논의까지 긴 그림자를 드리웠다. 2022년의 최저임금 논의는 코로나 위기를 극복하기 위해 가장 어려운 상황에 있는 노동자와 자영업자의 삶을

---

12 최저임금위원회(2021), 《심의편람》.

지키면서 사회 균열과 갈등을 해소하고, 경제 정상화를 지원하기 위해 다음의 주요 사안을 두고 그 어느 때보다 치열하고 진지한 고민을 거듭하였다.

첫째, 광범위한 저임금 일자리와 급격한 경제 구조 전환에 따라 한계 상황에 처한 비즈니스 영역에서 일자리를 유지하면서 노동자의 처지를 꾸준히 개선하기 위한 최적의 접점을 찾아야 했다.

둘째, 코로나19 위기가 지속되는 가운데 저임금 노동자가 직면한 일자리의 어려움을 해소하기 위해 시행한 여러 대응 방안과 조화를 이루면서 예측 가능한 방식으로 저임금 해소와 일자리의 질적 향상에 도움이 되어야 했다.

셋째, 우리나라가 보유한 성장 잠재력과 노동시장의 고용 창출 능력을 고려하여 경제성장, 물가 수준, 사회적 격차 해소 노력 등 긴박한 비상 상황에서 주요 경제사회적 목표 간의 균형점을 찾는 것이 중요했다.

2021년 최저임금 심의 과정에서 공익위원 내부에서는 합리적인 최저임금 수준을 결정하고, 그 근거를 명확히 하기 위한 결정 기준 설정의 필요성이 부각되기 시작하였다. 이 시기에 팬데믹 이후로도 합리적으로 예측 가능하며, 이해 당사자와 공감대가 높은 결정 규칙을 모색하는 노력이 최저임금제도의 장기적 발전과 지속가능성에 중요하다는 인식과 공감대가 형성되었다.

장기적 관점에서 팬데믹 이후를 고려하여 사회적으로 수용 가능한 인상 기조를 안정적으로 운영하면서, 그 기반 위에 사회적 포용성을 증진하면서도 격차 완화 목표를 가미하고, 사회적 대화의 장점을 살리면서 조화와 협치의 공감대를 형성하는 합리적 결정 기준이 마련되어야 노사의 이해 갈등과 거리감을 해소할 수 있을 것으로 본 것이다. 이러한 문제의식의 맥락에서 2022년의 최저임금 인상률 수준은 팬데믹 위기 극복 지원, 경제사회적 격차 해소, 포용적 성장의 기조 속에서 지속가능한 경제 회복을 촉진할 수 있는 수준으로 판단된 5.1%로 의결되었다.[13]

　　다른 한편 코로나 시기 경제적 어려움을 겪으면서 노동시장 내에서 '양극화' 심화는 최저임금 구분 적용을 주장하는 소상공인의 목소리를 키우는 배경이 되었다. 전국적인 단일 기준 최저임금 기조를 그대로 유지할 때 재난 상황에 대해 효과적으로 대처할 수 없다는 인식과 비판의 목소리도 증폭되었다. 그러나 공익위원 다수는 최저임금이 한국 경제와 사회가 끌어안은 수많은 구조적 문제에 대한 처방이 될 수는 없으며, 이러한 문제에 대해서 다른 경제사회 정책들과 조화를 이루면서 종합적인 관점에서 대응해야 한다는 데 인식을 같이했다. 최저임금이라는 정책 수단을 불

---

13 최저임금위원회(2022), 《심의편람》.

평등에 대한 대응처럼 사회에 구조적 문제에 대한 처방 수단으로까지 확장시켜 논의하는 것은 무리하다는 판단이었다. 최저임금이 양극화 해소에 기여하기 위해서는 저임금 노동자의 임금과 소득을 높이는 데 도움을 주는 본래의 기능을 유지하면서 동시에 노동시장의 격차 확대를 저지하기 위해 종합적이고 적극적으로 분배 구조를 전환하려는 노력을 더해야 한다는 판단이었다.

코로나 위기를 겪으면서 최저임금 정책의 무게중심도 절대적 저임금 해소에서 국민경제의 지속가능성과 사회적 통합을 중시하는 방향으로 이동하기 시작하였다. 이러한 상황에서 최저임금 수준도 생계비와 물가, 사용자의 지불 능력 등 노사의 주장을 적당히 타협하는 방식으로 결정되기 어려워졌다. 최저임금이 올라가고 경제적 파급 효과가 커진 만큼 그 수준을 결정하는 과정에서 고려해야 할 경제 정책 변수가 증가한 것이다.

이에 따라 국민경제의 생산성 향상, 물가 수준, 저임금 노동자 처지 개선 등을 반영하되 경제의 지속가능성, 사회적 용인 수준, 사회적 양극화 극복 등을 종합적으로 고려하고, 합리적 기준으로 예측 가능한 범위에서 최저임금 수준을 결정하는 방향으로 공익위원의 공감대가 형성되었다.

2021년 최저임금 심의에서는 코로나19 팬데믹이 장기화되는 상황에서 서민 일자리를 지키고, 사회적 갈등을 완화하면서, 팬데믹 이

후의 경제와 고용 상황에 대응하면서 경제사회 시스템이 정상화되도록 지원하는 적정 수준의 최저임금을 찾는 것이 중요했다.

4) 최저임금과 공정의 균형(2023~2024)

2022년부터 코로나19 팬데믹 상황이 점차 해소되고, 경제활동이 빠른 속도로 정상화되기 시작하면서 최저임금 논의는 업종별 경제력 격차를 반영한 구분 적용과, 노동시장 정상화를 위한 합리적 임금 수준에 대한 고민으로 회귀하였다. 다른 한편 글로벌 인플레이션이 빠르게 진행되고, 각국의 금리 인상으로 경기 위축이 심화한 데다 러시아가 우크라이나를 침공하면서 촉발된 물가상승 압력이 중첩되는 바람에 서민경제가 빠진 어려움과 불확실성은 크게 개선되지 못하였다.

국내외의 높은 불확실성 속에서 경기침체와 물가 불안으로 인한 고용 부담을 감내하면서 생계 회복을 지원할 필요성도 강하게 부각되었다. 특히 코로나 이후 자영업자와 소상공인의 어려움이 지속되고, 경제적 양극화로 인한 계층 간 긴장이 높아지는 상황에서 최적의 최저임금 수준을 찾는 것이 중요한 이슈로 부상하였다.[14] 이 시기 공익위원들은 최저임금 수준을 고민하며 서민 생계 악화를 방지하고, 고용 위축 가능성에 대처하면서 사회적 긴장을 완화하는 방안에 대해 집중적으로 고민했다. 공익위원들은 최저임금의 근거와 기준을 명확하게 설정하고, 결정의 안정성을 높이는 것이 경제와 노동시장을 정상화하는 데 긍정적인 영향을 미칠 것으로 보았다.

협치적 결정 방식은 이해가 상충하는 집단 간의 대화와 타협을 중시하지만, 이러한 원칙만으로 모든 이해 당사자의 기대를 충족할 수는 없었다. **최저임금위원회는 '만족할 수 없지만 감내할 수 있는 합리적 수준의 최저임금'을 결정해서 사회계층 간의 거리를 좁히고 부담을 나누는 것이 중요하다고 보았다.** 사회적 대화와 타협을 통해 고통을 분담하며 최저임금 결정의 사회적 수용도를 높이는 방향으로 최저임금을 조율해야 했다. 이러한 인식 속에서 위원회에서는 2022년 대비 5% 인상, 시간당 9,620원으로 공익위원 단일안을 표결에 부쳐 2023년 최저임금 수준을 결정했다.

공익위원들은 표결을 제안하면서 경제 정상화와 맞물려 최저임금의 합리적이고 예측 가능한 결정 규칙의 필요성과 노사와 국민이 이해하고 감내할 수 있는 인상 수준을 결정할 필요성을 강조하였다. 팬데믹 위기가 진정되고 경제활동이 재개되는 가운데 고용시장을 안정시키고, 사회적으로 수용 가능한 합리적 '결

---

14 최저임금위원회(2023), 《활동보고서》.

정 규칙'을 마련하여 결정의 타당성과 안정성을 높이는 것이 중요한 과제가 되었다.[15]

공익위원들은 우리나라 최저임금이 전국 단일임금 체제를 유지하고, 국민경제 전반에 큰 영향력을 행사한다는 점을 중시하여 국가적 수준에서 중요한 거시경제 변수를 결정 지표로 설정하였다. 경제 성장률, 고용증가율, 물가 수준을 중심으로 해당 요소의 국민경제적 영향까지 고려한 인상 수준을 제안하였다. **공익위원들은 경제와 노동시장이 정상화되는 데 발맞추어 과도한 갈등과 협상의 불확실성을 낮추고, 안정적이고 합리적으로 예측 가능한 범위에서 최저임금을 인상하는 방향을 찾는 것이 바람직하다고 보고, 이를 뒷받침하는 결정 기준에 대해 적극적인 공론화를 모색하였다.**

그 결과 이해 당사자와 전 국민이 충분히 이해하고 적응 가능한 합리적 인상 규범과 기준에 대한 공감대를 강화하는 것이 사회적 협치를 발전시키는 데 긍정적인 영향을 미칠 것으로 보았다. 이익집단 사이의 갈등과 대립이 심화되는 어려움 속에서도 합리적 최저임금 결정 기준에 대한 논의를 촉진한 것은 이 2022년의 심의가 남긴 의미 있는 성과로 볼 수 있을 것이다.

2023년 최저임금 심의에서는 2024년의 최저임금 수준을 1.5%

---

15 최저임금위원회(2023),《활동보고서》.

인상된 9,860원으로 심의·의결하였다. 최저임금위원회가 내린 결정은 대내외 경제 여건이 나빠지고 물가 불안이 심해지는 가운데 감내하고 적응할 수 있는 최저임금 수준을 거듭 고심한 끝에 이루어진 판단이었다.[16] 과거 추세와 비교할 때 위원회는 최저임금 수준을 상당히 낮게 결정했다.

2024년의 최저임금 수준이 낮아진 것에는 노동계 내부에서 최저임금이 최소한 10,000원에 도달하지 못하면 어떤 인상률도 받아들일 수 없다는 강경론이 부상하면서 공익위원이 제시한 2.5% 인상 중재안이 거부되고, 노동계 위원 일부가 표결에 불참한 것도 하나의 요인이 되었다. 사회적 협상이 사용자나 노동자 대표 모두에게 유리한 결과를 보장하지 않는 상황에서 노동계 일부에서 취한 '보이콧' 전술이 최저임금 수준을 기대보다 낮추는 결과로 이어진 것은 최저임금의 불확실성을 보여 주는 사례다.

최저임금이 국민경제에서 차지하는 위상과 영향력이 커진 상황이 상당 부분 반영되면서 적절한 관리가 중요해졌다. 최저임금을 장기간에 걸쳐 경제 성장률과 물가상승률을 더한 수준 이상으로 인상한 결과 중위임금의 60%를 넘나들 정도로 높아졌다. 최저임금 인상 기조가 지속되면서 한국의 최저임금 수준은 아시아

---

16 최저임금위원회(2023), 《활동보고서》.

3장 사회적 협치와 공정의 균형 찾기 129

에서 최상위 수준까지 올라갔다. 경제와 일자리에 부작용을 초래하지 않으면서 노동자의 삶을 향상할 수 있는 적정 최저임금 수준을 합의하는 것은 어려운 도전 과제가 되었으며, 정교한 정책적 접근의 필요성 또한 커졌다. 이러한 상황에서 경제의 잠재 역량과 물가를 고려하고, 일자리에 긍정적 영향을 미칠 수 있도록 최저임금 수준을 예측 가능한 범위에서 조율해야 할 필요성이 강하게 대두된 것이다.[17]

2024년 최저임금 수준 논의 과정에서는 업종별 차등 적용 등 중요한 쟁점이 제기되었다. 특히 저임금 일자리가 집중된 자영업과 중소기업 영역에서 업종, 지역, 고용 규모에 따라 사용자의 지불 능력 격차가 과도하게 벌어져 단일 최저임금으로는 올바른 처방이 불가능하므로 업종별로 구분해서 적용해야 한다는 주장이 강력히 대두하였다. 이러한 주장에 대해 노동계가 중심이 되어 크게 반대했다. 경쟁력이 쇠퇴하는 업종의 애로를 해소하기 위해 최저임금을 구분 적용한다면 경제 구조 개선과 노동시장 효율화를 지연시키고, 사회통합을 저해하는 결과를 초래할 수 있고, 저소득 계층 내에서 또 다른 차별을 만든다는 반론도 강력했다. 이중 삼중의 차별에 시달리는 노동자들 내에서 저임금 계

---

17 최저임금위원회(2023), 《활동보고서》.

층의 사회적 격리를 초래할 위험도 결코 간과할 수 없었다. 제도적으로 용인된 격차는 한번 규정되면 구조적인 차별로 고착되는 경로 의존성 path dependency 이 강하기 때문에 극도로 신중해야 한다는 인식이 공익위원 내에서 견지되었다.

2023년의 심의를 마무리하면서 최저임금제도의 합리적 결정의 기조를 설정하기 위해서는 다양한 영역에서 정책 효과를 평가하고, 이에 근거해서 최저임금제도의 방향을 모색하는 '증거 기반' 정책 방향 모색이 필요하다는 공감대가 강화되었다. 최저임금제도의 영향력이 크게 높아졌기 때문에 국민경제와 일자리에 미치는 복합적인 영향을 정교하게 판단해야 할 필요성도 부각되었다. 최저임금이 국민경제, 노동시장, 복지, 기업 경영, 외국 인력 유입 등 경제 전반 구석구석 폭넓게 영향력을 행사하는 정책 변수가 된 상황에서 경제 주체가 충분히 적응할 수 있도록 합리적인 기대를 반영하여 예측 가능한 범위 안에서 변동성을 제어하고 안정된 수준으로 운영해야 최저임금제도가 제 역할을 다할 수 있다는 데 공익위원들이 뜻을 모은 것이다.

다른 한편 표준적 고용에서 제외된 저임금 계층이 급속하게 확산하는 상황은 최저임금제도의 미래에 큰 도전으로 부상하였다. 정보기술과 인공지능을 이용하여 표준적 고용 제도에 존재하는 허점을 공략한 플랫폼 비즈니스는 최저임금의 실효성을 잠식할 뿐 아니라 사회경제적 양극화를 가속화하는 소용돌이의 진원지가 되었다. 플랫폼 비즈니스 영역에서 노동자와 자영업은 모두 인공지능의 지시와 통제를 받는, 일하는 사람들working people에 지나지 않는다. 노동자와 자영업자가 사실상 같은 입장에 선 것이다. 이들의 일자리와 소득이 인공지능 플랫폼에 통합되면 일하는 사람의 소득과 일자리는 플랫폼이 설정한 한계를 벗어날 수 없기 때문이다.

플랫폼 업체는 노동자가 아닌 사업자와 계약해서 사회보장 관련 비용 지출과 산재를 비롯하여 각종 위험에 대해 지는 책임을 일하는 사람에게 전가할 수 있다. 책임을 피하고 싶은 입장에서는 플랫폼을 이용한 일감 계약이 사업적으로 엄청난 매력이 있다. 플랫폼 일자리는 정확히 그 틈을 파고들어 고용 패러다임 전체의 안정성을 뒤흔든다. **플랫폼 알고리즘의 영향력이 커지면서 저소득 계층 내 격차가 확대되고 최저임금의 효과도 저해될 수 있다. 이에 따라 현행 최저임금제도가 일하는 사람에게 최소한의 소득을 보장하는 제도적 안전장치로 작동하기 어려워질 수 있기에 최저임금의 대상과 효력을 확장하여 저임금 계층의 삶을 지원하는 방안 또한 새로운 의제로 떠올랐다.**

5. 결론

'사회적 협치'와 '공정의 균형'을 중심으로 공익위원의 관점에서 최근 5년간 최저임금 수준 결정 과정에서 있었던 주요한 고민과 의제를 검토해 보았다. 민주적 협치는 충돌하는 이해를 합리적으로 조율하고, 평가를 반복하면서 효과성을 입증하고 신뢰를 축적하며 나아갈 때 성공적으로 발전할 수 있다.

포용적 제도를 정착시키기 위해 거쳐야 하는 과정은 갈등 속에서 이해를 조율하고 검증을 거쳐 신뢰를 축적해야 하므로 그 과정이 길고 험난하다. 협치를 통해 공정을 실현하는 것은 민주적 의사결정의 한 방식이지만, 협치의 장은 '불만의 균형' 속에서 요동치기 때문에 그 과정이 어렵고 험난하며, 불확실한 항로를 개척하는 것과 다를 바 없다.

87년 체제와 민주주의가 발전하는 과정에서 한국의 최저임금제도는 사회적 협치와 자율적 교섭을 중시하는 방향으로 진화해 왔으며, 대표적인 참여적 의사결정의 프레임으로 평가받는다. 한국처럼 이해 당사자가 직접 최저임금 심의와 의결 과정에 깊이 참여하고, 적극적으로 개입하는 나라는 없다. 참여와 협치를 중시하고, 이해 당사자의 발언권을 존중하는 제도이지만, 실제 운영 과정에서 이해 당사자의 충돌과 갈등을 합리적으로 조율한 경험과 역사는 아직은 충분치 못하다. 한국의 최저임금제도는 협치적 제도가 민주주의의 성숙과 더불어 어떠한 방식으로 안착할 수 있는지를 가늠하는 중요한 사례이다.

우리나라의 최저임금제도는 노동시장에서 과도한 저임금으로 인한 노동자와 사회적 약자의 불이익을 방지하기 위해 사회가 노동시장에 개입하여 법정 최저임금 수준을 매년 결정하는 사회적 협약 기반 의사결정 모델로 저임금 노동자의 경제사회적 지위 향상을 촉진했다. 최저임금제도가 발전하면서 위원회는 더 많은 이해 당사자를 포용하고, 사회적 협의와 교섭 주체의 참여를 확대했다. 이는 포용적 사회 제도가 어떠한 방식으로 민주주의 성숙에 긍정적 영향을 미칠 수 있는지를 보여 주는 사례가 되었다. 그러나 이 과정에서 노사 갈등과 대결이 심화되어 최저임금의 변동성을 키우는 등 제도의 불확실성이 커진 것도 사실이다.

다른 한편 최저임금이 지속적으로 상승한 결과 오늘날 한국의 최저임금 수준은 절대적 저임금 해소를 넘어 노동시장, 일자리, 사회보장뿐 아니라 노동력의 국제이동 등까지 종합적으로 고려해야 하는 상황에 이르렀다. 제도가 발전하는 동안 위원회는 계속해서 새로운 정책적 의제와 도전에 직면했다. 안으로는 이해 집단 간의 갈등이 점점 심화되고, 밖으로는 최저임금이 노동시장과 경제에 끼치는 영향력이 갈수록 증폭되고 있다. 최저임금 심의의 무게감과 중요성 또한 과거와는 비교하기 힘들 정도로 커졌다.

민주주의 사회에서 협치는 자신의 이익을 극대화하려는 각 세력의 정당성 주장 사이에서 균형을 추구하면서 최적의 합리적 타협에 도달하는 제도적 과정이다. 협치 역량의 발전은 민주주의가 성숙한 정도를 가늠하는 중요한 기준이다. 그러나 협치적 민주주의가 작동하기 위해서는 사회경제 주체의 책임 있는 행동과 합리적 협상 전략이 필요하며, 의사결정의 사회적 타당성이 높아야 할 뿐 아니라 경제와 노동시장에 대한 긍정적 영향을 확인해야 한다.

우리나라 최저임금제도가 존중하는 사회적 협치는 다양한 이해 대표자 간의 숙의를 중시하기 때문에 '작은 리바이어던'과 유사하다. 이 협의체는 협치를 이끌어가야 할 주체들이 합의 가능한 미래가 허용하는 만큼만 움직일 수 있고 그 미래의 길조차 순탄하지 않다. 협치는 만족의 극대화가 아닌 불만의 균형으로 이어지기 때문에 합의는 항상 잠정적이며 유동적이다.

불만은 쉽게 증폭되지만, 균형은 어렵게 유지될 수밖에 없다. 불만의 균형을 잡으면서 상충하는 정당성 주장 간의 거리를 좁히고, 협상을 촉진하며, 합의에 도달하기 위해서는 충돌을 완화하고, 조정과 중재를 촉진하는 공익적 행위자의 역할이 중요하다. 민주적 협치의 안정성을 높이고, 제도에 대한 신뢰를 강화할 수 있도록 참여 주체들이 지혜를 모아 가야 한다.

더 읽을거리

토마 피케티(2014), 《21세기 자본》, 글항아리

자본주의 역사와 불평등 문제를 주요 자본주의 선진국의 경제, 조세, 분배 관련 장기 통계 자료에 기반해서 장대한 역사적 내러티브로 재구성한 최상급 사회과학적 연구이다. 계급 간 소득 격차와 불평등 문제가 자본주의의 역동성과 동시에 내재적 모순을 설명하는 핵심적인 의제라는 관점에서 18세기 이후 300여 년에 걸쳐 주요 선진국을 분석하고, 이를 바탕으로 역사상 가장 불평등한 시대에 진입한 21세기의 경제 시스템의 붕괴 위험성을 경고한 후 대안을 모색한다. 극소수 자본소득과 경제 독점 세력에 대해 누진적 자본이득세를 강력하게 적용하는 것이 자본주의 모순에 대한 현실적 대안이라고 역설한다. 자본주의 역사에서 불평등 극복은 저절로 이루어진 적이 없으며, 일하는 사람을 위한 강력하고 혁신적인 제도 개혁 노력이 없이 극단적 불평등을 해소할 수 없다는 교훈을 준다.

다론 아제모을루 · 제임스 로빈슨(2020), 《좁은 회랑: 국가, 사회, 그리고 자유의 운명》, 시공사

경제사회가 발전하는 과정에서 시장경제, 국가 제도, 시민사회, 그리고 인간의 행복과 가치의 실현 간에 일어나는 복잡하고 치열한 역사적 발전의 경로에 대한 방대한 분석을 담았다. 이를 통해 사회의 이상과 인간의 행복 실현은 결코 단선적으로 이루어지지 않으며, 언제라도 파멸과 비극으로 끝날 수 있는 좁은 회랑을 개척하는 과정임을 역설한다. 사회 발전 경로는 극적이면서 불확실하고, 언제든지 무질서와 극단주의, 대규모 희생과 완전한 사회 붕괴의 아마겟돈으로 돌진할 수 있다는 위험성도 풍부한 역사적 분석을 통해 설득력 있게 제시한다. 시장경제, 민주주의, 시민사회는 항상 조화로울 수 없으며, 인간의 희망을 실현하기 위한 부단한 노력과 치열한 고민이 없으면 결코 자동적으로 결합하지 않는 사회적 목표라는 시사점을 설득력 있게 제공한다.

4장

한국 사회 소통비판을 위한
공론장 개념의 재구성

이준웅

1. 문제 제기: 왜 비판이 통하지 않는가

"의사표현을 이유로 박해하는 일은 완전히 논리적입니다." 올리버 웬델 홈즈Oliver Wendell Holmes Jr. 미국 연방대법원 판사가 1919년 에이브럼스 판결Abrams v. United States에서 발언의 자유를 옹호하는 소수의견을 제시하며 전제로 삼은 발언이다. 우리나라 만큼 이 격언이 딱 들어맞는 데가 또 있을까. 이곳은 남 앞에서 해서는 안 되는 말, 안 하는 게 좋은 말, 하면 좋은 말, 해야만 하는 말 등을 규정하여 남의 발언을 옭아매는 데 엄격한 사회다. 우리는 타인의 발언을 망언이니, 모욕이니, 궤변이니, '가짜뉴스'니 규정할 수 있는 온갖 범주를 동원해서 비판하는 데 열심인 사람들이다.

흥미로운 점은 정작 이런 비판이 성공하는 경우를 찾아보기 어렵다는 데 있다. 이 사회에 타인의 무례한 말, 오해를 유도하는 말, 괴롭히는 말에 대한 염려와 경계, 그리고 비판을 넘어선 비난과 저주까지 소통을 두고 각종 비판이 넘쳐 난다. 그러나 그런 염려, 경계, 비난, 저주는 상대방에게 수용되기도 전에 그 자체가 또 다른 무례한 말, 오해, 괴롭힘으로 간주된다. 비판이 수행적 효과를 내기도 전에 또 다른 논란의 대상이 되기도 한다.

생각해 보면, **어떤 비판이 성공하기 위해서는 염려, 경계, 그리고 비난을 표현하는 데 그쳐서는 안 된다. 비판의 대상인 상대방이 그 비판의 요점을 이해하는 것은 물론 비판의 효과가 발생해야 한다. 한 발더 나아가 비판이 쌓여 다수가 동의가능한 의사소통 규범을 형성하고, 모두가 그 새로운 규범을 준수하기 위해 노력할 수 있으면 좋다. 그러나 이런 식의 선순환 효과를 내는 소통비판을 우리 사회에서 찾아보기어렵다.** 다음 몇 가지 사례를 보자.

• 익명 인터넷 공간에 오가는 극단적 발언에 대한 비난

'일베' 또는 '메갈' 등 인터넷 게시판을 비롯해 익명의 교류매체 계정에서 극단적인 발언이 빈번하게 보인다. 이 발언들은 내용도 현란하지만 방식도 소란스럽다. 극단적 발언에 저항하거나 대항하는 발언도 극단적이기 쉽다. 그중에는 맹목적인 비난도

없지 않다. 극단적 발언은 증오나 혐오의 표현이니 일괄 형사처벌해야 한다고 처벌론도 나온다.

　문제는 이런 극단적 발언에 대한 비난과 규제담론이 애초에 의도한 효과를 거둔 적이 있느냐는 것이다. 때로 역효과를 낳기도 하고, 심지어 극단적 발언을 돕는 결과를 낳기도 하는 것처럼 보인다. 의도치 않게 담론적 상호작용을 넘어선 정치적 진영 간 대립으로 전화하기도 한다. 극단적 발언자의 진정한 의도가 맹목적 비난과 과도한 규제론을 포함해서 일련의 정치적 대립을 유도하는 데 있었던 것은 아닐까 의심스러울 지경이다.

・ 언론에 대한 정파성 비판

이 신문사는 좌경이고, 저 방송사는 정부편향이고, 다수의 동영상 채널은 극좌 또는 극우라는 식의 비판도 있다. 언론의 정파성을 문제 삼는 자들의 정파는 무엇인지 일단 궁금한 가운데, 때로 이런 언론비판의 의도마저 애매해서 확인할 수 없는 경우도 있다. 예컨대, 정파적일 수밖에 없는 사정을 말하면서도 정파적이어서는 안 된다고 주장하거나, 정파적으로 보도하지 말라 경고하면서 동시에 그럴 수 없을 것이라고 조롱하는 경우를 흔히 찾아 볼 수 있다.

　문제는 언론을 두고 정파성을 비판하는 것을 가능케 하는 준거규범이 별도로 있느냐는 것이다. 언론에 대한 정파성 비판을 정합하고 타당하게 만드는 근거가 되는 규범조차 없는 정파성 비판이 또 다른 정파성의 표출이 아닌 다른 무엇이 될 수 있을지 의문이다. 그저 우리 편이 아니라서 싫다는 불만을 표출하는 게 아니라면 이런 비판을 성공시켜서 어떤 언론 규범을 확립하자는 것인지, 그리고 그 규범을 정작 자신을 비판할 때 적용하고 있는지 알 수 없다.

• 중요 판단에 대한 유사 사회학적 비판

논쟁적인 사안에 대해 사법부가 내린 판결을 놓고 그 판사가 어떤 모임 출신이라서, 어떤 학교 출신이기에, 또는 누구누구와 친하기에 그렇게 판결했다는 식의 해석과 비판이 나온다. 판사의 사회적 연결망을 고려하면 왜 그런 결과가 나왔는지 설명할 수 있다는 식의 일종의 동네 사회학folk sociology을 적용한 결과다. 이런 유사 사회학적 설명은 언론, 사회운동, 입법 의제, 대통령 통치행위 등에 대해서도 쉽게 적용해 볼 수 있다. 예컨대, 대통령의 통치행위를 놓고, '그런 자들과 함께하니, 그럴 수밖에 없었고 그게 한계다'라고 비판하는 식이다.

이런 유사 사회학적 비판은 언제나 성공하는 비판이며, 따라서 무엇을 기대할 수 있다는 건지 알 수 없게 된다. 만약 비판 대상이 다른 집단에 속했거나 다른 배경을 가졌다면 결과도 달라졌으리라는 것일 텐데, 이런 비판의 의도가 이 집단이 아닌 저 집단으로 갈아 치워야 한다는 이른바 '싹쓸이'를 주장하는 지경이 되면 위험해진다. 의심스런 결정론을 따르는 유사 사회학적 비판은 수상하게도 모두 다 갈아 치워야 한다는 극단적 대체론이 되곤 한다.

왜 비판이 통하지 않는가? 우리 사회에서 타인의 소통에 대한 비판이 또 다른 비판을 초래하는 데 그치지 않도록 하려면 무엇을 해야 하는가? 어째서 우리는 타인의 발언에 대해 비판적으로 접근하면서도 그 비판을 통해 자율적인 담론 주체의 성장을 돕지 못하는가? 합리적이고 예절 바른 담론적 상호작용을 보장하는 담론 규범에 합의하는 길은 없을까?

이 글의 목적은 위에 제시한 사례를 포함해 우리 사회에서 사회적 소통에 대해 이뤄지는 비판이 실패하는 이유를 공론장에서 소통의 규범이 무엇인지에 대해 세운 합의가 없다는 데서 찾고, 공론장 활동에서 비판적 담론이 성공하기 위한 대안을 제시하는 데 있다. 공론장 개념의 활용법을 검토하고, 공론장 개념을 다중적이고 다원적인 소통의 연결망으로 확장해서 제시하려 한다. 이렇게 재구성된 다중 공론장은 각 수준에 따라 다른 기능과 역할을 하는 소통 규범에 의해 규정되는 의사소통 연결망이라고 할 수 있다.

다중 공론장은 '지금 여기' 현실에서 작동하는 소통행위를 관찰한 내용에 근거한다. 다중성은 참여자가 하나 이상의 의사소통 연결망에 속해서 활동하는 현실을 강조하기 위한 것이다. 다원성이란 각 개별 공론장의 의사소통 규범이 전제하는 이념과 가치가 근본적으로 다를 수 있다는 뜻이다. 이런 관찰에 덧붙여 다중적이고 다원적인 공론장에서 소통하는 참여자가 준수하는 규범을 재구성해서 제시하려 한다.

따라서 이 글은 한편으로 공론장 개념을 확장해서 경험적 관찰과 조응하도록 조정하면서, 다른 한편으로 서로 다른 공론장에서 이루어지는 소통을 규율하는 규범과 이상은 무엇이 되어야 할지 논의한다. 이렇게 경험과 규범으로 나누어 이중적 차원에서 작업을 수행하는 이유는 공론장 활동에 미리 전제된 소통의 규범을 배경으로 해야만 비판적인 소통의 효과를 기대할 수 있기 때문이다. 앞서 제시했듯이, 우리 사회에 가혹한 양상으로 전개되는 소통비판은 어쩐지 소통의 규범을 확인하거나 형성하려는 의도와 동떨어져 있다. 다중적이고 다원적인 공론장에서 담론 행위를 규율하는 규범을 확인해서 공유함으로써 우리 사회 공론장에서 벌어지는 담론적 상호작용 행위에 대해 내재적으로 비판함은 물론 규범 형성적인 비판으로 나아갈 수 있으리라 기대한다.

2. 이 모든 게 공론장이라면

공론장 개념은 18세기 말 서구 시민혁명 시기에 확립된 공적 의사소통의 규범과 이념이 20세기 들어와 어떻게 역사적으로 변천했는지 비판적으로 검토하기 위해 개발된 범주다. 독일의 사회철학자 위르겐 하버마스Jürgen Habermas는 초기 저작《공론장의 구조변동》에서 근대 시민혁명기에 등장한 언론매체를 통한 정보 교환과 살롱, 카페, 독서모임 등 대면을 통해 이루어진 정치 토론을 공개성, 평등성, 합리성과 같은 이념을 구현한 비판적인 공간으로 보았다. 누구나 입장할 수 있고, 누구의 발언도 차별받아서는 안 되며, 발언자의 지위가 아니라 발언 내용의 합리성을 기준으로 평가해야 한다는 이념이 성립했다는 뜻이다. 시민은 시민사회 갈등은 물론 국가정책과 행정까지 논의 대상으로 삼아 토론했다고 한다.

하버마스는 현대 정치적 공론장을 국가가 통제하고 시장이 포섭하고 있다고 관찰했다. 현대의 공론장은 합리성과 관여도가 높은 공중의 비판적 토론이 이루어지는 담론의 연결망이 아니라 언론기업이 제공하는 내용물을 소비하는 장이 되었고, 복지국가 정책을 수혜받는 장으로 전락했다는 것이다. 공개적 토론 공간에서 이루어졌던 비판적이며 합리적인 토론은 대중 매체가 제공하는 기성품을 소비하는 선택행위가 됐다. 언론마저 공론장 본래의 비판적 기능을 잃고 이해집단의 이익에 봉사하는 기구로 전락하면서 재봉건화되고 말았다.

　서구 시민혁명기 공적 토론이 과연 하버마스가 제시한 공개적이고, 평등하고, 합리적 토론의 이념을 구현한 것이었는지에 대해서는 논란이 있다. 그러나 공론장에서 벌어진 토론의 역사적 진실성에 대한 논쟁과 별도로, 하버마스가 제시한 공론장 이념은 한 사회의 의사소통이 얼마나 이상적으로 작동하는지 가늠할 때 사용하는 일종의 준거로서 활용된다. 토론의 공개성, 참여의 평등성, 담론의 합리성 등은 어떤 사회의 이해 주장, 불만 청원, 여론 형성, 법안 제시, 그리고 입법 과정에 이르는 공적 의사소통이 제대로 작동하는지 평가하는 기준이 되었다.

　구체적으로 이 이념을 적용해서 공영방송 제도가 얼마나 파편화된 사회의 담론을 통합하는지, 언론 제도가 자유주의적 민주주의 이념을 얼마나 실현하고 있는지, 그리고 인터넷 공간에서 정치적 소통이 얼마나 포괄적이고 합리적으로 이루어지는지 등을 평가한 여러 전례가 있다.

　한국 사회에서 공론장을 활용하는 양상은 애매하게도 거의 모든 공적 소통을 느슨하게 지칭하는 식이다. 학술 담론은 물론 언론에도 흔히 등장하는 표현 중 '공론의 장이 열렸다', '공론장 역할을 한다', '공론장을 조성하자' 등의 용례를 보면 알 수 있다. 거의 모든 공적 소통행위를 지칭하면서, 동시에 어떤 의사소통의 규범이 있음을 암시하지만 정확하게 그것이 무엇인지는 말해 주지 않는다. 공론장이란 용어는 또한 '공영방송이 공론장 기능을 수행하지 못한다'와 같은 방식으로 비판적으로 사용되기도 한다. 그러나 이런 비판적인 용법에서도 정확하게 어떤 기준을 충족하지 못하거나 어떤 이념을 실현하지 못해서 안타깝다는 것인지 확인할 수 없다. 특히 다음과 같은 공론장 개념의 용례를 보면, 공론장 개념이 우리나라에서 어떤 비판적인 함의를 갖기는 하는지 실로 의심스러울 지경이다.

• 인터넷 난장

인터넷 언론, 교류매체, 게시판 등을 통칭해서 인터넷 공론장이라 부른다. 인터넷 공간에서 활동하는 독립 언론인, 유명인, 논객 등은 물론 아무런 명성을 갖지 않은 개인도 저마다의 동기로 담론행위를 하는데, 이 모든 행위를 아무렇지도 않게 공론장 활동이라고 칭한다. 정치적, 상업적, 취향적 동기 등 저마다 이유는 다르지만 인터넷을 기반으로 누구나 참여할 수 있기에 그렇게 부르는 듯하다.

그런데 인터넷에서 벌어지는 소통의 양상을 보면, 일부 상업적 매체가 운영하는 채널을 제외하고는 활동이 분산적이고, 일시적이며, 고립적이다. 인터넷 소통의 주제를 보더라도 너무 다양하고 분산적이어서 어떤 이념이나 규범을 실현하는지 또는 실현하지 못하는지 가늠할 수 없다. 인터넷에서 일어나는 모든 소통을 공론장 활동이라고 부른다면 공론장은 거의 모든 인간의 사회적 상호작용을 지칭하는 격이 된다.

• 정체성 집단

끼리끼리 모여서 소통함으로써 연대를 만들어 내는 모임이 인터넷 공간에도 현실에도 있다. 유사한 취향, 신념, 동기를 지닌 자들이 모여서 서로의 존재와 태도를 확인함으로써 일종의 정체성 집단을 이루는데, 이를 정체성 공론장이라 부르기도 한다.

정체성 공론장에 참여하는 이들은 때로 다른 의견과 신념을 가진 자들과 다투거나 대결하는 모습을 보이기도 하지만, 대체로 유사한 취향, 신념, 동기를 지닌 자들이 서로 교감하는 소통으로 하여금 자신이 홀로 존재하지 않는다는 사실을 확인하고 각 집단에 고유한 경험을 공유한다. 현실에서는 고립되어 있지만 인터넷을 통해 시공간을 넘어 담론적으로 연결된 이들은 엄연히 존재하는 집단의 일원이라는 정체성을 공유하게 된다.

• 대결적 표현공간

인터넷 환경이 제공하는 익명성을 활용해서 자신의 정치적 의견이나 사적인 감정을 시험적으로 표현하거나, 현실에서 적극적으로 자기 신념이나 의견을 공개하여 타인의 반응을 시험하는 경우가 있다. 어떤 이는 가장 내밀하고, 사적이고, 비규범적인 내용을 공격적으로 표현함으로써 인터넷이든 현실이든 잠재적인 수용자의 반발을 유도하려는 듯이 보인다.

  이런 표현적 담론행위를 통해 자신이 추구하거나 반대하는 것이 무엇인지 밝힘으로써 타인의 위로와 공감을 구하면서 동시에 반격과 대결을 만들어 내기도 한다. 도심의 광장에서 그리고 인터넷 게시판에서 이루어지는 정치적, 문화적 대결은 어떤 합의를 위한 것이라기보다 그저 각자의 입장을 표출하는 위한 것으로 보인다. 따라서 이를 공론장이라고 부를 수 있다면, 이 공론장은 자기표현과 세력과시를 위한 대결의 공론장이라고 불러야 할 것 같다.

• 사교모임

개인의 관심, 취미, 습속 등을 공유하기를 원하는 개인을 연결해서 사교의 모임을 열기도 한다. 인터넷 취미 공동체부터 짝짓기 모임까지 다양한 장소에서 다양한 방식으로 사교의 장이 열리는 데, 여기에 참여하기 위해 어떤 정치적이거나 이념적인 준비는 따로 필요가 없다. 동창이거나, 팬이거나, 이혼경험이 있다거나 등과 같은 계기가 만남의 조건이 되기도 한다. 개인은 사교적 만남의 장에서 자유롭고, 평등하며, 예절바른 소통을 경험하고 또한 자신의 합리적 소통 역량을 계발하는 경험을 얻는다. 비정치적인 사교 모임에서 고전적인 공론장에서 구현된 소통의 규범을 경험하기도 한다.

이 모두가 공론장이라면 도대체 어떤 경우가 공론장이 아니라는 것일까. 인터넷 난장에서 합리적 소통을 관찰할 수 있지만, 동시에 온갖 종류의 반칙, 기만, 찔러보기를 포함한 전략적 소통을 볼 수 있다. 정체성 공론장이나 표현적 공론장이라 불리는 곳은 아무리 보아도 공개성, 평등성, 합리성 등과 같은 고전적 공론장의 이념이 실현되기는커녕 요구되는 곳도 아닌 듯 보인다. 사교적 공론장은 고전적인 문예 공론장과 유사성을 갖기도 하지만 공적 사안에 대한 토론이 이루어지는 곳이라고는 할 수 없다. 만약 이들을 모두 공론장이라 부른다면 고전적 공론장, 즉 시민계급의 정치 공론장the bourgeoisie political public sphere과 같은 용어가 오히려 특이한 별종이 되고 만다. 그것은 이 땅에서는 관찰된 적도 별로 없고, 지금 당장 관찰할 수 있으리라고 기대하기도 어려운 어떤 이상적인 조건으로 남는다.

혹시 우리는 이미 공론장이란 용어를 과거의 어떤 구체적 역사적 상황, 사회학적 현상을 지칭하는 데 쓰는 걸 그만둔 것은 아닐까. 공론장 개념의 역사적 정합성을 따지는 것을 포기한 채 일정한 수준의 규범성을 갖춘 담론적 상호작용이 일어나는 모든 곳을 공론장이라 부르자고 하고, 이렇게 개념을 사용해도 상관없다고 다짐한 것만 같다. 공론장이 평등한 대화나 합리적 토론의 영역일 수도 있고 그렇게만 된다면 좋겠지만, 그렇게 되지 않아도 좋다는 것이다. 평등한 대화나 합리적 토론 이상의 어떤 소통, 즉 공감을 나누는 교감의 영역empathy domains, 타인을 배제하는 닫힌 모임, 공적인 것을 회피하는 사교적 대화집단casual talk groups 등에서 이루어지는 소통을 포괄해야 하고, 그렇게 보는 쪽이 더 현실적이라는 것이다.

위와 같은 용법이 공론장 개념을 풍부하게 만드는 데 기여할 수 있다는 점에 주목할 필요가 있다. 공론장 용례를 확장하면 분명히 혼란을 초래하지만, 그런 혼란은 현실의 소통의 복잡함을 반영한 것으로 새롭게 대두하는 새로운 소통 규범에 대한 요구를 긴박하게 보여 준다. 이와 같은 새로운 공론장 용법은 고전적 하버마스 공론장 개념에 담긴 이념이 부분적으로 또는 우연히 실현되는 소통의 장을 경험적으로 인정해야 한다는 요청이기도 하다.

결국 새로운 공론장 용법은 공론장 이념의 다원성 문제를 정면으로 제기한다는 의미에서 오히려 공론장 개념의 정교화를 예비한다. 새로운 공론장 용법이 함의하는 바는 공론장의 규범적 이념을 적용해야 하는 현실은 이미 다원적이고 복잡하다는 것이다. 결국 다원적이고 복잡한 공론장에서 벌어지는 다양한 소통 행위를 규율하는 규범에 대해서 새롭게 접근해야 한다.

　인터넷 난장, 정체성 집단활동, 대결적 표현공간, 사교집단 등에서 이루어진 소통을 관찰하면서 공론장 개념을 사용하는 일은 그 자체로 고전적 공론장 개념에 대한 일종의 경험적 비판이 된다. 지금 여기 현실에서 이루어지는 소통의 현장을 관찰할수록 하버마스가 말했던 그런 규범성을 갖춘 대화, 토론, 숙의를 찾아보기 어려우니 개념 타당성의 문제를 제기하게 된다는 것이다. **따라서 정체성 공론장, 표현적 공론장, 사교적 공론장 등과 같은 혼잡한 용어의 사용은 현실에서 확인 가능한 대화, 토론, 숙의를 반영하는 타당한 공론장 개념이 필요하다는 요청으로 이해할 수 있다.**

3. 공론장에 대한 비판론

사실 하버마스가 《공론장의 구조변동》에 제시했던 주장이 바로 20세기 자본주의와 복지국가의 관점에서 18세기 말 시민혁명기 공론장에서 형성한 이념에 가한 일종의 경험적 비판이다. 그에 따르면, 시민혁명기에 형성된 정치적 공론장은 국가의 통제와 시장의 포섭에 따라 원래의 비판적 기능을 잃고 재봉건화되었다. 공개성, 평등성, 합리성 등을 실현하려는 듯 보였던 과거 서구의 시민계급이 발전시킨 정치적 공론장은 현대 대중사회에 침투한 국가의 이해관계 포섭과 여론조작에 따라 왜곡되어 더 이상 비판적 기능을 수행할 수 없게 됐다는 것이다.

고전적 공론장을 향한 경험적 비판은 이후 다양한 갈래로 발전했다. 대표적으로 대안적 공론장alternative spheres**에 대한 논의가 있다.** 역사적으로 존재했던 시민계급 공론장의 내적 정합성이 높지 않았으며 이에 대항하는 노동계급의 대안적 조직이나 소수집단의 비정형적 모임이 있었다는 것이다. 이는 정치적 사안만을 다루는 하나의 포괄적인 정치적 공론장이란 현실적으로 존재하지 않고, 오직 상호 연결된 다중적 소통 영역들이 존재할 뿐이라는 주장으로 발전한다. 이런 영역들은 응집력, 영향력, 지도력 등에서 다양한 양상을 보인다. 예컨대, 보통 노동조합이 노동자의 자발적

모임보다 큰 영향력을 행사하지만, 언제나 그런 것은 아니다. 때로는 시민 정치운동 단체가 정당의 외곽 조직보다 강력한 지도력을 행사한다. 역사가 긴 시민단체보다 국가 자원으로 관리되는 전문가 단체가 더욱 전문적 지도력을 발휘하기도 한다. 이렇게 서로 다른 응집력, 영향력, 지도력 등을 갖춘 대안적 공론장이 전체 공론장이 기능하는 데 있어 하위 단위로 작동하면서 서로 다른 영역의 의제설정, 토론내용, 의사결정 등에 영향을 미치기도 한다.

복합적 공론장multiple public spheres**에 대한 논의도 주목할 만하다.** 하나의 총괄 공론장에 주목할 게 아니라 그에 부속한 구성원 간의 교감과 교류를 위한 서로 다른 소통의 규칙을 갖춘 훈련의 공간이 있다는 것이다. 비판론자는 사적 이해관계의 표현을 준비하는 공론장의 형성과정을 중요하게 본다. 역사적으로 보더라도 사적 이해관계가 완전히 배제된 공론장은 없었다고 주장한다.[1]

---

1 낸시 프레이저와 아이리스 영을 참조하라. Frazer, N.(1993), "Rethinking the public sphere: A contribution to the critique of actually existing democracy.", In C. Calhoun(Ed.), *Habermas and the public sphere*, Cambridge: MIT Press; Young, I. M.(1996), "Communication and the other: Beyond deliberative democracy.", In S. Benhabib(Ed.), *Democracy and difference: Contesting the boundaries of the political*, Princeton, NJ: Princeton University Press.

사적 이해에 따른 전략적 행위를 준비하고, 연습하고, 또한 표현하는 일이 공론장 참여에 반드시 따라온다는 것이다. 이렇게 보면 담론규범을 강제하는 하나의 단일한 공론장 개념을 주장하는 일은 비현실적이다. 즉 다양한 이해가 중첩적으로 나타나며 상호경쟁하는 다중적 영역multiple spheres에서 담론이 성숙하고 경합하는 현상을 받아들여야 한다.

고전적 사회학자의 관찰을 보더라도 정치적 사안에 대한 평등한 시민 간 합리적 토론만으로 공론장을 제한할 이유가 없어 보인다. 근대 여론 이론을 창시한 가브리엘 타르드는 1898년 저서 《의견과 대화》에서 신문 등 대중 매체를 통해 제시된 사안을 두고 개인 사이에서 오가는 일상 대화가 여론을 구성하는 계기임을 제시했다. 하버마스와 달리 그는 근대적인 여론 형성과정을 시민사회의 갈등이나 국가의 통제에 대한 시민계급의 자유로운 의사소통으로 개념화하기보다 일상적인 사적 영역 어디에서나 발생하는 개인들이 공적 사안을 주제로 나누는 대화를 주목했다. 타르드의 이론을 따라 근대적 여론 형성과정을 재구성해 보면, 여론을 형성하는 공적 영역이 따로 있는 것이 아니라 사적 개인이 하는 행위의 집합이 곧 공론장을 구성한다.

그런가 하면, 시민이 공적 사안을 두고 의견을 교환하는 행위가 지닌 규칙형성적 특성에 주목해야 한다는 주장도 있다.[2] 공론장이란 시민과 국가 조직 간의 공적 이슈를 대상으로 '정책적 조정과정'이 이루어지는 곳이기도 하다. 하버마스도 초기에는 공론장을 시민사회와 국가의 틈새에서 발생하고 국가의 규제에 대응하여 시민 공통의 문제를 제기하는 영역으로 보면서 국가와 공론장의 길항 관계를 상정했지만, 나중에는 그의 주저《사실성과 타당성》에서 공론장 참여를 통해 형성되는 여론이 법적 질서를 형성하는 원천이 된다는 점을 강조한다. 행정부의 공적정책 결정과정이나 사법부의 공개재판, 그리고 이를 둘러싼 공적 정책과정을 두고 일어나는 토론은 결국 한 사회의 법령을 형성함으로써 그 자체가 공론장의 최상위 규범으로 제도화된다.

정리하자면, 고전적 공론장 개념에 대한 경험적 그리고 역사적 비판은 공론장 개념을 이론적으로 정교화하는 데 기여한다. 구체적으로 ① 공론장 참여자가 사적인 관심과 이해관계를 표현하는 것을 포괄하지 않을 수 없으며, ② 공론장 내 소통이 비판적·합리적 토론뿐만이 아닌 협상과 조정을 포함하는 전략적 소통은 물론 공적 토론과 거리가 먼 사적 대화를 포함한다는 것, ③ 모든 것을 포함하는 단일한 공론장이 열린다기보다 다양한 사적 이해를 통

---

2   Speier, H.(1950), "Historical development of public opinion", *American Journal of Sociology*, 50, pp. 376~388.

해 조직된 복수의 소통의 연결망이 다중적으로 얽혀 있는데, ④ 공론장은 비록 국가와 시민사회의 중간 영역에서 형성되지만 행정부와 사법부 등에서 이루어지는 정책결정 과정에 기여함은 물론 입법부의 법률제정 과정에 영향을 미침으로써 전체 사회의 규범을 형성하기도 한다는 것 등이다.

결국 고전적 공론장에 대한 비판은 하버마스의《공론장의 구조변동》에서 설명을 멈춘 그 지점부터 다시 현실의 소통을 문제 삼고 공론장을 경험적으로 확장한다. 그러나 이런 확장에 한 가지 우려할 만한 점이 있다. 경험적 비판과 확장을 통해 현실의 여러 계기를 공론장 모형으로 포섭하는 가운데 고전적 공론장 개념이 포착했던 '규범적 이상성'을 잠재적으로 또는 명시적으로 부정할 우려가 있다는 것이다.

현대 공론장 모형들을 수용하다 보면, 공론장 참여를 가로막는 세력에 대한 비판이나, 평등한 발언권을 가로막는 관행에 대한 비판이나, 합리적 소통을 가로막는 전략적 행위에 대한 비판 등이 약해지는 결과를 초래한다. **공론장 개념을 경험적으로 보완하고 확장하는 데 치중한 나머지 규범적 비판을 할 기회를 스스로 잃는다면, 애초에 공론장 개념이 왜 필요했던 말인가.**

4. 공론장의 경험적 재구성

공론장 개념이 규범성을 잃는 것은 그대로 두고 볼 일이 아니다. 도리어 공론장 개념을 확장시켜서 더 정합하고 적절한 비판적 소통이 가능하도록 공론장 개념을 이론적으로 강화할 필요가 있다. 그리고 앞서 제시한 경험적 또는 역사적 비판론을 그런 개념의 재구성을 돕는 계기로 활용할 수 있다. 지금까지 검토한 공론장에 대한 경험적 또는 역사적 비판을 종합해서 지금 여기에서 관찰 가능한 공론장의 경험적 조건을 규정하는 명제를 정리하면 다음과 같다.

1) 다원적 집단의 존재

공론장 참여자 중에는 시민사회를 구성하는 집단과 공동체, 그리고 사적 이해관계에 따라 구성된 사회단체가 있다. 이들은 다원성을 띠는데, 이들 집단, 공동체, 단체가 저마다 고유한 지역, 종교, 종족, 습관, 이념 등을 내세우며 형성한 정체성 때문이다. 서로 상충하는 가치, 규범, 이념을 내세우는 집단과 개인이 존재하며 이들이 공론장에 참여하는 단위라는 사실이 공론장의 다원주의 현실the fact of pluralism을 만든다. 각 집단의 목적과 이해관계, 구성의 원리, 지배적인 이념이나 가치 등은 다른 집단의 입장에서 볼 때 비가시적이거나 불투명하다. 즉 쉽게 알 수 없고, 결국 알게 되더라도 서로 완벽하게 이해하기 어렵다.

2) 소통 역량의 습득

개인은 양육과 학습을 통해 집단의 구성원이 된다. 집단 구성원이 되기 위해서는 소통 역량을 습득해야 한다. 개인은 언어활동을 통해 타인과 상호작용을 하고 그 과정에서 자신의 개체성과 집단 정체성을 형성한다. 언어는 개인이 집단의 전통, 가치, 관습, 공동체 덕목 등을 내면화하는 도구이자 이런 가치와 대비되는 개인의 신념 체계를 형성할 수 있도록 돕는 자원이기도 하다.

전통, 가치, 관습 등을 공유하는 언어 공동체 내에서 개인은 정체성 기반을 갖춘다. 언어를 습득한 개인은 또한 맥락에 따라 의사소통의 규칙을 적용하는 합리적 추론역량을 습득할 기회를 얻는다. 이 때문에 언어 사용자는 집단을 넘어선 집단 간 교류나 대결, 또는 체계 내 규칙형성적 소통에 참여할 수 있다.

왜냐하면 언어 사용자는 집단 내 소통을 위해 습득한 그 언어가 집단을 넘어선 모든 잠재적 소통에서 사용되는 언어와 구문적, 의미적, 활용적 내용은 달라도 같은 종류의 규칙성이 적용된다는 것을 짐작할 수 있기 때문이다. 자신의 집단은 물론 어떤 집단에서라도 소통의 규칙이 작동하고 있음을 추론할 수 있는 역량을 갖추게 된다.

3) 1차 공론장 또는 개별 영역에서 사회적 주체 형성

공론장의 최하위 수준인 개별 영역에서 개인은 사회적 주체 또는 담론 주체로 자신의 정체성과 집단 내 지위를 확인한다. 1차 공론장에 참여하기 전에 미성년 개인은 이미 가족, 지역 공동체, 종교 집단 및 학교에서 놀이, 친교, 교육, 예절, 그리고 취향의 개발과 같은 기본적 활동을 통해 소통의 기본 원리인 상호성, 호혜성, 규칙기반 추론 등 기본적인 규범을 습득한다.

귀속집단 활동은 시민사회 내 사적 영역을 생산 및 재생산하기 위한 것이기도 하다. 개인은 동아리 활동, 고등교육 진학, 노동조합 및 직능협회 가입 등과 같은 가입집단 활동을 통해 교류적 사회인이 된다. 가입집단에서 배우고 실천하는 인사예절, 회의규칙, 집단규율 준수 등은 귀속집단에서 습득한 그것과 내용적으로 같지만 자발적이고, 선택적이고, 임의적 관계에 적용된다는 의미에서 실용적이고 실천적인 함의를 갖는다. 즉 의식적으로 집단의 소통 규범을 추론하고 또한 준수해야 한다.

1차 집단은 자연적 관계의 확장, 특별한 도구적 목적이 없는 사

〈표 4-1〉 공론장 각 영역 내의 행위, 가치, 소통규범

	1차 공론장 개별 영역	2차 공론장 교호 영역	3차 공론장 공통 영역
행위	역할 놀이, 친교, 교육	경쟁, 투쟁, 협상, 연대	중재, 입법
전제 가치	자발성, 선별성	이해관계 추구	개방성, 보편적 참여
소통 기능	집단가입, 유지, 재생산	인정추구, 설득, 통제	공통 규범의 확인
소통 규범	전통의 확인과 준수	효과성과 효율성	보편적 규칙 확립

적인 관계의 형성과 같은 일상적인 사적 영역을 포함하지만 동시에 동일한 취향과 취미를 지닌 집단의 형성 또는 동일한 목표를 달성하기 위한 결사체 형성 등과 같은 이해관계 형성적 집단을 포함하기도 한다. 개별 영역에 속한 개인은 친교, 교육, 역할 확인 등과 같은 행위를 하면서 집단적으로 구분되는 특성을 공유하고 유지하며, 궁극적으로 집단의 이익에 기여한다. (〈표 4-1〉 참조.)

4) 2차 공론장 또는 교호 영역의 경험

교호 영역은 2개 이상의 다원적 집단 간 소통의 연결망이다. 서로 목표, 가치, 이해관계 등이 다른 두 집단에 속한 개인이 각 집단을 대표해서 혹은 그 일원으로서 소통을 개시할 때 2차 공론장이 열린다. 교호 영역에 들어선 개인은 상대방이 자신을 인정하고, 이해하고, 또한 모종의 교환행위를 개시하기를 바라지만(그

렇지 않다면 교호 영역의 네트워크에 들어오지 않았을 것이다) 실제 상대가 그럴 수 있는지 또는 그런 의사가 있는지 미리 확인할 수 없다. 교호 영역에서 벌어지는 소통행위가 그 전말을 확인해 줄 수 있을 뿐이다.

2차 공론장은 흔히 노사협상 진행, 경쟁규칙 확인, 연대 집단 형성 등을 통해서 경험할 수 있지만, 집단 내 분파적인 노선투쟁을 통해서 실로 가장 폭발적인 방식으로 등장한다. 효율과 효과를 따지는 설득적, 전략적 소통이 난무하는 2차 공론장은 일종의 전략적 게임수행을 통한 균형을 확인할 수 있는 영역이다.

따라서 이 영역에서 벌어지는 가장 중요한 정치적 성취는 공통의 이해관계를 확인하고 협정을 맺는 일이다. 이런 상호적 규범의 확인은 집단 간 '인정투쟁'을 동반한 경쟁, 대결, 협상 등을 통해 사후적으로 이룩될 것이다. 교호 영역에 참여하는 개인은 다른 집단의 구성원과 갈등하는 자신의 이해관계에 따라 행동하면서 자신이 선택한 집단의 이해관계가 상대방의 그것과 대립적이고, 대칭적이고, 교환적이라는 사실도 깨닫게 된다.

5) 3차 공론장 또는 공통 영역의 형성

사안에 대해 서로 대립하는 집단이 공통의 이해관계를 정립함으로써 호혜적인 공통 규칙을 채택하는 경우에 3차 공론장이 열린다. 가입 자격이 제한되지 않은 집단 내에서 모든 잠재적 가입자에게 적용할 수 있는 규칙을 제정하는 경우 누구라도 공통 영역에 진입할 수 있지만, 실제 개인은 헌정국가의 사법과 행정의 참여자가 될 때 이를 구체적으로 경험하게 된다. 헌정국가는 명시적으로 채택한 공통규칙을 모든 사안에 대해 보편적으로 적용하는 방식으로 작동하기 때문이다. 민주적 헌정국가의 시민권자는 주권자이자 동시에 수범자이기에 평등한 참여자의 권리를 누린다. 한 국가의 헌정질서는 각자의 역사성을 갖기에 '평등성'과 '권리'는 각자 특별하게 제도화된다.

　3차 공론장은 하위 공론장이 형성한 이념과 가치, 그리고 규범을 모두 고려하고, 인정하고, 조정하는 수준을 넘어서 그 모든 것을 포괄하는 어떤 보편적 원리와 규칙을 형성하고 적용하는 영역이다. 개인이 누군가의 선배나 어떤 집단의 협상 대표로서 행동할 때 소통하면서 항상 공통 영역의 소통규범을 상기할 필요는 없다. 이미 시민권자로서 그 규칙을 따라야 한다는 의무를 준수하는 범위 내에서 그렇게 하고 있다는 것을 깨닫게 된다.

<표 4-2> 공론장 각 영역의 주요 의사소통 행위와 이념

	개별 영역	교호 영역	공통 영역
소통 행위	인사, 사교, 시험, 연습	투쟁, 협상, 소송	규칙형성과 집행을 위한 숙의
소통의 이념과 가치	성장과 성숙, 효능성, 정체성	호혜적 공정성, 전략적 수월성	투명한 절차, 공평성, 평화와 질서

　　개별 영역, 교호 영역, 공통 영역 집단 행위에 속한 개인이 하는 의사소통 행위와 의사소통 이상성을 구분해 볼 수 있다. 〈표 4-2〉는 세 영역에 공통적인 집단 참여, 유지, 재생산을 위한 행위를 제외한 소통행위의 특성을 정리해서 제시한다.

• 개별 영역

이 영역의 주요한 의사소통 행위는 '사교적 대화', '의례적 역할 놀이', '개인사의 교환', '집단 역사의 습득' 등이다. 이곳에서 개인의 개성과 취향에 근거한 표현 행위가 다른 참여자에게 주목받고 자신도 다른 참여자의 표현을 수용하는 과정에서, 내밀한 사적인 이야기라도 공개성을 최소화하고 그 표현 방식은 물론 내용마저도 조절하게 된다. 개별 영역에서 이루어지는 대화와 이야기는 흔히 개인의 요구를 표출하는 행위지만 동시에 집단 정체성을 내면화하는 과정이기도 하다. 여기에서 대화 및 이야기의 활성화는 의사소통 주체의 소통적 효능성을 증대한다. 개인은 개별 영역에서 말할 수 있는 기회를 부여받고, 표현 기법과 양식에 대해 교육을 받으며, 개인의 요구를 집단의 규범에 따라 조절하여 제시할 수 있는 예절을 내면화한다.

앞서 논의한 '사교적 공론장'은 바로 예절 규범을 적절하게 실천하는 참여자가 경험한 1차 공론장일 가능성이 높다. '표현적 공론장'도 개별 영역에 모인 참여자가 진정성 있게 개인사를 고백하거나, 자신의 경험담이나 해석적 의견을 공유하는 폐쇄된 개별 영역으로 출발했을 것이다. 그러나 영역 내 소통이 편안하고, 자유롭고, 심지어 해방적으로 간주되는 까닭은 아마도 애초에 개별 영역의 참여자가 서로 들어 주고, 이해하고, 수용하는 과정에서 규범화된 소통을 실천하기 때문일 것이다. 의례적인 표현을 사용하므로 실수가 적지만, 실수하더라도 서로에 대해 훈육을 하는 동시에 관용적인 규칙을 적용할 가능성이 높다. 이 영역에서 벌어지는 소통은 때로 훈련이고 연습이며, 때로는 그저 개인의 역량을 시험하는 수준에 머문다. 따라서 이 영역에서 주로 발생하는 '사교적 대화'나 '사적 경험의 공적인 이야기 구성'이 이러한 규범성을 넘는 다른 영역의 규범성을 구현할 것이라는 주장은 과도하다.

• 교호 영역

개별 영역에 참여해서 의사소통 역량을 다지고 집단 정체성을 습득한 개인은 다른 개별 영역에 포함된 개인과 대립하거나 협상한다. 각 영역의 상충하는 이해관계를 조정하는 것이 교호 영역의 주요 과제이므로 이 영역의 의사소통 행위는 중재와 협상 또는 투쟁과 소송으로 이루어진다. 그리고 이 모든 소통에 수반하는 의례적인 상호작용에 예절규칙을 적용하는 일도 수행한다.

교호 영역이 공론장으로 작동하는 이유는 상대방이 요구하는 바가 있음을 인정하고, 자기 집단이 요구하는 바도 상대방으로부터 인정받을 만한 것임을 확실히 하는 동시에 상충하는 이 두 요구를 투쟁, 협상, 소송 등을 통해서 해결하는 일마저도 어떤 소통 규범에 따라 수행해야 효과적이고 효율적이라는 것을 알고 있기 때문이다. 이 공론장의 참여자는 자신과 상대방이 독립성 있는 존재라고 전제하며, 대결하거나 연대할 가능성을 염두에 두고 전략적으로 행동한다.

예컨대, 앞서 제시한 '인터넷 난장'에 참여하는 자는 전략적 소통을 해서 자기의 주장과 요구를 경쟁적으로 설파하려는 자들이다. 이 공론장에서는 각 집단의 요구와 이해관계가 시험적으로 제시되고, 전략적인 시행을 거쳐서, 시행 방식이 최대 영향력을 행사하기 위한 방향으로 보다 정교하게 가다듬어진다. 효과와 효율을 노린 소통 전략을 공격적으로 표출하기도 하고, 무례하게 집행하기도 하지만, 그중 가장 영향력 있는 소통 방식은 타인의 수용을 유도하는 설득 종류일 가능성이 높다.

교호 영역의 참여자는 결국 다른 참여자도 자신과 신념과 이해관계는 다를지언정 같은 방식을 사용해 전략적으로 표현하고 발언한다는 사실을 깨닫는다. 따라서 자신의 이해관계를 표명하는 전략적 의사소통에 참여하면서 동시에 다른 집단과 연대를 모색하는 등 자기가 속한 집단의 최대 이익 추구를 위해 부단히 소통전략을 조절한다.

• 공통 영역

이 영역의 의사소통 행위는 '공통의 운명의 결정', '법률과 규칙의 제정', '법률과 규칙의 집행', '위법의 판단' 등을 위해 토론하는 것 등을 포함한다. 이 수준에서 비로소 개별 영역 및 교호 영역과는 질적으로 다른 의사소통 규범이 필요해진다. 즉 개별 영역이나 교호 영역에서 상충하는 이해관계가 공통 영역에 이르러 모두가 받아들일 수 있는 일종의 법규에 의거해서 재해석을 거친 결과 제자리를 찾는다. 형식적으로나마 인민을 대표하는 사람 전부가 참여해 모든 인민을 대표하게 해서 역시 잠재적으로 모두가 수용할 수 있는 규칙을 제정하는 일종의 제헌의회나, 이

미 확립된 법규를 보편적으로 적용하기 위한 등에 동원하는 의
사소통이 여기에서 이루어진다. 따라서 공통 영역에 적용되는
소통의 규칙이란 원칙적으로 누구나 참여할 수 있고, 누구에게
도 특혜 자격을 부여하지 않는다.

　동시에 합리적인 토론을 통해서 규칙을 만든다면 어떤 내용을
갖춰야 하는가라는 측면에서 '이상적'이며 '합리적'이다. 의사소
통 행위가 곧 공적인 이성을 실현하는 경우는 바로 이 규칙에 따
라 이루어진 의사소통 행위로 제한된다.

5. 공론장 이념의 규범성

재구성해 제시한 공론장 모형은 하버마스의 공론장 개념에 대한
경험적　비판론자는　물론　하버마스가《공론장에　대한　반성》
(1992)과《사실성과 타당성》(1992)을 통해 교정을 시도한 공론
장 이론의 관점에서도 수용가능한 다중적이며 다원적인 공론장
이다. 이 모형은 경험적으로 포괄적이지만, 규범적 비판의 근거
를 보존한다는 장점이 있다. 이 모형을 적용하면 공론장이 개별
영역과 교호 영역에서 출현하는 의사소통을 평가할 수 있고, 또
한 공통 영역에서 등장하는 소통의 규범, 즉 공개성, 평등성, 합

리성 등에 대한 요구를 정당화할 수 있다.

이 재구성된 공론장 모형은 서로 다른 역할을 수행하고 다른 규범이 작동하고 있는 현실에서 다중적 공론장이 중첩적으로 쌓여 있음을 반영하면서 동시에 각 공론장이 고유하게 지니는 규범성을 유지한다. 우리는 이 모형을 활용함으로써 고전적 공론장 모형이 현대의 공적 의사소통을 경험적으로 반영하지 못한다거나, 우리가 현실에서 마주치는 공적 의사소통에 어떤 규범적 요구도 제기하지 못하는 어려움을 극복할 수 있다. **다중적 공론장 모형에 근거해서 현실에서 일어나는 공적 의사소통에 대한 규범적 비판을 수행하는 데 필요한 주요 명제를 다음과 같이 정리할 수 있다.**

1) 개별 영역의 다원성

우리는 관찰을 통해 내가 속한 집단 내에 '나' 이외 소통 가능한 다른 이가 있으며, 내 집단 외에 다른 집단에도 이 집단과 다른 전통, 이념, 규범에 따라 소통하는 이들이 있다는 것을 깨닫는다. 그들은 다른 예절 규범을 사용하여 서로 인사하고, 다른 교육내용을 학습하면서 성장하고, 다른 관점으로 본 역사를 공부한다. 이들을 관찰하는 과정에서 내 집단과 다른 전통과 이해관계를 갖는 타자가 우리와 내용은 다를지라도 유사한 소통 경험을 겪으면서 성장한다는 점을 알게 된다.

2) 이해 상충의 가능성

다른 집단에 속한 개인도 우리와 같은 사안에 대해 관심을 두고 접근할 수 있다. 그들이 사안을 이해하는 입장, 관점, 목적은 우리의 그것과 다를 수 있으며, 이 가능성은 이해상충이나 갈등을 조정하기 위한 교호 영역의 출현을 예비한다.

3) 소통 규범의 차이

영역 간 소통에 나선 '나'는 그동안 영역 내 소통에서 배운 규칙과 다른 이념이 작동하는 영역이 존재한다는 사실을 깨닫는다. 예컨대, 개별 영역에서 배운 인사예절을 교호 영역에서 상대방을 조우했을 때 사용하면, 효과적인 인사예절은 같은 기능을 수행하지만 내용과 방법은 다르다는 것을 알게 된다. 이런 기능적 동일성과 규칙 내용 간의 차이성을 인식하는 것을 통해 교호 영역에서 요구되는 담론 규칙을 조정하고 정교화할 수 있다.

4) 조정된 현실의 수용 가능성

집단 간 이해관계 충돌 및 갈등은 설득, 조정, 합의, 또는 투쟁으로 귀결한다. 모든 것이 언제나 투쟁으로 귀결하며 결국 결코 화해할 수 없는 집단 사이에 끝없이 복수가 이어진다는 세계관을 따르면 공통 영역을 성립시키는 것은 물론 교호 영역에서 벌어지는 조정이나 연대를 위한 협상에 나서기도 어렵다. 반대로 의사소통 합리성에 근거한 설득과 조정이 일어날 가능성을 믿는다면 '서로 강제할 필요 없는, 수용 가능한 대안'을 협의를 통해 만들어 내고자 집단 간 소통에 나설 수 있다.

5) 이성의 공적 사용

갈등 관계에 있는 그들도 '나'와 같은 문제를 고민하지만 결국 서로 '강제하지 않아도 수용 가능한 현실'을 원하므로 공통의 규칙에 따라 토론하고 결정하는 방법을 채택한다. 이를 위해서라도 '강제하지 않아도 수용가능한 의사소통의 규칙'이 필요하다는 것을 깨닫는다. 이런 의사소통은 이론적으로 누구도 부당한 이유로 배제하지 않고, 누구도 다른 참여자가 하는 강요에 복종할 필요 없으며, 누구나 정당하게 주장을 펼칠 수 있는 조건을 요구한다. 필연적으로 의사소통 참여자의 독립성, 평등성, 합리성을 필요로 한다.

정리하자면 공론장의 종류에 따라, 기능에 따라, 그리고 각 공론장에서 수행하는 소통행위에 따라 다른 소통 규범이 요구되며, 그 차별적인 규범에 따라 개별 영역에서, 교호 영역에서, 그리고 공통 영역에서 서로 다른 이념이 실현된다. 한 공론장을 규율하는 이념이 다른 공론장에 그대로 적용되리라는 보장은 없다. 공론장의 영역과 규범집합을 넘어선 무분별한 비판은 공론장을 구성하는 일 자체를 방해할 수도 있다. 이 요점을 통해 공론장이란 다름 아닌 소통의 규범과 이념을 시험하고, 확인하고, 규정하는 행위에 의해서 성립하는 의사소통 범위임을 알 수 있다. 공론장의 경험적 조건은 개인과 집단이 소통 행위를 어떻게 하느냐가 결정하지만, 실은 그 소통행위를 규제하는 이념의 한계가 곧 공론장의 범위가 된다는 뜻이다. 공론장은 곧 '의사소통 행위 규범이 수용되고 행사되는 범위'인 것이다.

6. 한국 사회 소통현실에 대한 규범적 비판

한때 한국 사회과학 전반에 걸쳐 공론장 개념을 동원한 사회 비판이 유행했다. 폐쇄적인 내부 거래, 불공정한 언론 활동, 비합리적인 사법적 결정, 정쟁 일변도인 입법과정 등을 공론장 이념에 비춰 비판하는 일은 언제나 성공을 보장하는 듯 보였다. 이 때문에 하버마스 공론장 개념이 학술적으로도 대중적으로도 일정한 인기를 끌었다. 그러나 이런 유의 비판 활동이 공개성, 평등성, 합리성을 외재적 비판 준거로 사용한 수준을 넘어서 실질적으로 규범을 형성하는 효과를 낸 경우를 찾아보기는 어렵다.

특히 비판의 요점을 스스로에게 적용하여 호혜적 소통 규범이 작동함을 보여 주거나, 비판하는 대상과 함께 조정 가능한 규칙에 합의하는, 합의적 효과를 낸 사례가 있는지 알 수 없을 지경이다. 우리 사회의 공적 의사소통이 복잡해지면서, 결국 공론장 개념은 더 이상 한국의 소통현실을 충실하게 포착하는 데 경험적으로 적합하지 않다는 성찰의 대상이 되거나, 외재적 비판에 성공할 수 있을지언정 실제로 갈등을 해결하는 데 무력하다는 자기비판의 대상이 되고 말았다.

이 글에서 나는 현대 사회에 적용 가능한 방식으로 공론장의 개념을 확장하여 다중적이고 다원적인 공론장이 전제하는 규범적 이상성을 재구성해서 제시해 보았다. 내가 재구성해서 제시한 공론장 개념을 이용하여 현실에 복수로 존재하며 정합하지 않고 충돌하는 것처럼 보이는 소통의 연결망 구조 속에서 벌어지는 다원적인 소통행위를 포착하고 또한 그것에 비판적으로 접근할 수 있으리라 기대한다. 재구성한 공론장 모형을 활용함으로써 우리 현실에서 이루어지는 공적 의사소통을 공론장의 서로 다른 수준에서 벌어지는 다중적이며 다원적인 소통행위로 포착할 수 있는데, 이를 통해 적절하고도 정당한 규범적 비판을 수행함으로써 비판적 소통이 결국 성취해야 할 바가 무엇인지도 기대할 수 있다.

이 글에서 공론장을 결국 '의사소통 규범이 수용되고 행사되는 범위'로 정의해 보았다. 경험적으로 공론장은 다중적인 소통행위의 연결망이다. 개별 영역, 교호 영역, 공통 영역 등 공론장의 서로 다른 영역에서는 서로 상충할 수도 있는 다원적 소통규범이 작동하고 있기에 그에 따라 다른 비판을 적용해야 마땅하다는 요점을 도출할 수 있다.

이 요점을 적용하면, 예컨대 이 글의 서두에서 제기한 익명 공간에서 극단적 발언을 비난하는 것이 어째서 비판적 효력을 내지 못하는지 해명할 수 있다. 개별 영역에서 특별한 소통규범을 습득한 개인이 인터넷 공간이란 교호 영역에서 새로 습득한 소통양식을 시험하는데, 공통 영역의 규범, 그것도 사법적 처벌규범을 적용하자고 주장하는 격이기 때문이다. 따라서 그들이 해당 개별 영역에서 습득한 행위가 교호 영역에서 어떤 전략적 이점도 갖지 못한다는 사실을 깨달을 수 있도록 도와주는 것부터 시작할 일이다. 하물며 이들이 성장하더라도 공통 영역에 참여할 수 있는 시민적 권리는 물론 역량마저 의심스런 어떤 종류의 곤충에 지나지 않는다며 비난하는 일은 어떻게 보아도 비판적 효과를 기대할 수 없다.

언론에 대한 정파성 비판이나 사법적 판단에 대한 동네 사회학적 비판도 마찬가지다. 비판자는 상대방이 수용 가능한지는 물론 비판자 스스로가 준수할 수 있는 규범에 기초해 비판하고 있는지를 먼저 검토해야 한다.

더 읽을거리

위르겐 하버마스(2001/1990), 《공론장의 구조변동》, 나남
서구 시민혁명기에 등장한 소통양식의 변화를 정치적 공론장을 형
성하는 과정으로 보는 관점에서 재구성한다. 이때 형성된 이상화된
소통규범이 이후 현대 사회의 대중매체 발전에 따라 어떻게 왜곡됐
는지 역사적·사회학적 방법을 적용해서 탐구한 고전이다.

위르겐 하버마스(2007/1996), 《사실성과 타당성》, 나남
현대 민주정이 채택한 법치국가의 원리를 공론장에서 이루어지는 인
민의 자발적인 의견표현 과정과 입법에서 벌어지는 인민의 의지형성
의 과정으로 재구성해서 보인다. 여론형성 과정에 수반하는 자발성
과 공개성 때문에 오히려 법적 타당성을 보장할 수 있음을 제시한다.

Frazer, N.(1993), "Rethinking the public sphere: A contribu-
tion to the critique of actually existing democracy.", In C.
Calhoun(Ed.), *Habermas and the public sphere*, Cambridge, MIT Press
하버마스가 제시한 공론장 개념을 수정해야 할 필요성을 제기한다. 이
를 위해 참여자 간 평등성을 전제하기보다 적극적으로 실현하고자 노력
하고, 사적 이해관계를 배제하기보다 포함해서 함께 고려해야 하며, 다
중적인 공중의 다원적 실천 양식을 수용해야 한다는 주장을 제시했다.

Young, I. M.(1996), "Communication and the other: Beyond deliberative democracy.", In S. Benhabib(Ed.), *Democracy and difference: Contesting the boundaries of the political*, Princeton, NJ: Princeton University Press

현대 민주주의 사회에서 합리적 숙의도 필요하겠지만 이해를 가능케 하는 소통이 중요함을 강조한다. 다원적 문화집단 간 소통이 자원이 될 수 있다고 주장하면서 특히 집단 간 또는 집단 내에서 벌어지는 인사, 레토릭, 이야기 등과 같은 소통양식이 성취하는 바에 주목해야 한다고 제언한다.

5장

인권*
우리 시대의 정치도덕

송지우

'인권'은 평소 심심찮게 보고 듣는 단어이다. 가령 한국 학생들은 '천부인권'을 주장한 사상가를 공부하고, 우리나라 헌법은 개인의 '기본적 인권'을 보장할 국가 의무를 명시한다고 배운다. 성인이 된 후에도 국내외 뉴스에서 인권 관련 소식을 흔하게 듣는다. 우리가 사는 지금 이 세상에서는 인권은 일종의 시사상식 용어가 되었다. 그렇더라도 인권의 용례가 간단하다거나, 인권을 둘러싼 이견이 없는 것은 아니다. 이러한 이견은 단지 우리가 정보를 더 습득한다고 해소되는 게 아니라, 저마다 한국 사회 그리고 지구 공동체 구성원

---

* 이 글은 서울대-EBS-네이버 공동제작 프로그램 〈생각의 열쇠, 천 개의 키워드〉의 "인권" 편(2023년 8월 9일 방영)에서 발표한 내용을 기반으로 한다.

THE UNIVERSAL DECLARATION
of Human Rights

recognition of the inherent dignity and of the equal and inalienable rights of all members of the human family is the foundation of freedom, justice and peace in the world,

disregard and contempt for human rights have resulted in barbarous acts which have outraged the conscience of mankind, and the advent of a world in which human beings shall enjoy freedom of speech and belief and freedom from fear and want has been proclaimed as the highest aspiration of the common people,

it is essential, if man is not to be compelled to have recourse, as a last resort, to rebellion against tyranny and oppression, that human rights should be protected by the rule of law,

it is essential to promote the development of friendly relations among nations,

the peoples of the United Nations have in the Charter reaffirmed their faith in fundamental human rights, in the dignity and worth of the human person and in the equal rights of men and women and have

determined to promote social progress and better standards of life in larger freedom,

Member States have pledged themselves to achieve, in co-operation with the United Nations, the promotion of universal respect for and observance of human rights and fundamental freedoms,

a common understanding of these rights and freedoms is of the greatest importance for the full realization of this pledge,

this Universal Declaration of Human Rights as a common standard of achievement for all peoples and all nations, to the end that every individual and every organ of society, keeping this Declaration constantly in mind, shall strive by teaching and education to promote respect for these rights and freedoms and by progressive measures, national and international, to secure their universal and effective recognition and observance, both among the peoples of Member States themselves and among the peoples of territories under their jurisdiction.

UNITED NATIONS

으로서 일련의 가치 판단과 정치적 선택에 기초해 각자 입장을 정해야 하는 사안이다. 인권의 개념과 역사, 그리고 관련 쟁점을 검토함으로써 이런 판단과 선택을 돕고자 한다.

1. 인권의 정치적 배경

인권은 일종의 정치 현상이다. '인권'이라는 단어가 우리에게 익숙해진 것은 제2차 세계대전 이후에 새로이 확립된 국제질서에서 인권이 중요한 역할을 하게 되면서부터다. 이 새로운 국제질서는 유엔 체제를 중심으로 했고, 평화와 인권을 윤리적 기반으로 삼는다는 점에서 기존 질서와 구별된다.

1945년 유엔 헌장은 새 체제가 인권을 존중할 것이라 천명했고, 유네스코와 유엔 경제사회이사회 아래 신설된 인권위원회가 인권에 어떤 권리가 담겼는지, 그 구체적인 내용을 연구했다. 이 가운데 후자의 기안 작업 끝에 1948년 세계인권선언이 채택되었다. 세계인권선언은 신체온전성과 개인의 기본적 자유, 시민사회 구성원으로서의 권리, 정치공동체 구성원으로서의 권리, 그리고 일련의 사회경제적 권리를 인권으로 선언한다.

세계인권선언은 애초에 법적 구속력이 없는 규범으로 탄생했다.[1] 채택 당시 계획은 이 선언을 기반으로 하여 법적 구속력이 있는 국제조약을 만드는 것이었다. 그러나 이 계획은 유엔 체계 수립 후 곧 다가온 냉전 때문에 난항을 겪었다. 미국, 소련, 영국 등의 정책이 변화하고 어떤 권리를 국제법상 인권으로 인정해야 하는지를 둘러싸고 의견 불일치가 이어지면서 결국 세계인권선언의 모든 권리를 그대로 계승한 통합된 조약은 탄생하지 못했다. 대신 1966년에 시민적·정치적 권리에 관한 국제규약과 경제적, 사회적 및 문화적 권리에 관한 국제규약이 별도로 채택되었다. 지금은 이 두 조약 모두 전 세계 대부분 국가의 지지를 받으며, 한국 역시 양 조약의 당사국이다.

이 외에도, 20세기 중반부터 최근에 이르기까지 인권규범의 내용을 발전시키려는 노력이 이어졌다. 1965년에는 인종차별철폐협약이 채택되었고, 이후 여성차별철폐, 고문방지, 아동 인권, 이주노동자 인권, 강제실종방지, 그리고 장애인 인권을 다루는 국제조약이 순차적으로 탄생했다. 지금은 이 9개 조약을 인권의 '핵심조약'이라고도 한다. 한국은 이 가운데 이주노동자 관련 조약을 제외한 8개 조약의 당사국으로, 현재 국제기준으로 통용되는 인권 기준의 대부분을 적어도 공식적으로는 받아들인 상태이다.

---

1   시간이 지나 지금은 국제관습법의 지위를 얻었다는 해석이 흔하다.

이러한 국제기준을 해석, 적용하는 제도도 다양하게 발달해
왔다. 가령 각 주요 국제인권조약에는 전담 조약기구가 있는데,
이들 기구는 담당 조약의 내용을 해석하고 당사국이 조약을 준
수하는지 모니터링한다. 또 다른 유엔 내 기구인 인권이사회에
서는 보편적 인권 정례 검토UPR, Universal Periodic Review라는 제도
를 통해 193개의 모든 유엔 회원국의 인권상황을 검토한다. 가
령 한국은 2023년에, 북한은 2019년에 마지막 검토를 받았다.

유엔 내에는 또 인권최고대표라는 고위직이 있고, 종종 유엔
총회나 유엔 안전보장이사회처럼 유엔 활동 전반을 다루는 곳에
서도 인권 문제를 논의한다. 더욱이 노동권과 사회보장권 등을
주요하게 다루는 국제노동기구, 제노사이드·반인도범죄·전쟁범
죄 등의 인권침해를 다루는 국제형사재판소, 난민의 처우와 권
리를 다루는 유엔난민기구와 같은 유관 기구까지 포함해서 판단
할 때, 인권은 현재 국제질서 내에서 고도로 발달한 법, 정치규
범, 그리고 제도를 갖추었다고 할 수 있다.

지역에 따라 지역 차원 인권기제가 존재하기도 한다. 대표적
으로 유럽인권재판소와 미주인권위원회 및 인권재판소는 각각
유럽과 미주 지역에서 오랫동안 활발하게 운영돼 왔고, 최근에
는 아프리카에도 지역 인권위원회와 인권재판소가 생겼다. 아시
아 차원에서는 유사한 기제가 없는데, 이는 아시아 대륙의 규모

와 문화적, 정치적 다양성을 고려하면 일견 자연스러운 현상이 되 아시아 지역에는 인권 침해 대응 기제가 여타 지역에 비해 취약하다는 의미이기도 하다.

이처럼 어느 정도의 지리적 불균형은 있지만, 인권이 우리 시대의 대표적인, 어쩌면 유일한 지구 정치도덕 규범체계로 자리 잡았다는 것은 부정하기 어렵다. 오늘날 각국은 자국 인권상황을 비판 받았을 때 상황이 그만큼 나쁜 게 아니라고 방어하거나 인권의 내용을 수정주의적으로 이해하고자 노력하지, 인권의 중요성 자체를 부정하지는 않는다. 인권 상황이 논쟁적인 국가조차도 인권의 언어를 활용하고, 인권규범의 당위성은 받아들이는 것이다. 가령 현재 전 세계적으로 인권 상황이 가장 취약하다고 평가받고는 하는 북한과 같은 국가 역시 유엔의 보편적 인권 정례 검토 절차에 참여한다는 점은 인권이 현 국제질서에 얼마나 깊이 뿌리박고 있는지 보여 준다.

2. 인권의 개념

이러한 인권의 정치적, 역사적 배경은 인권의 개념적 특성을 이해하는 데 도움을 준다. 인권의 특징이 무엇이냐고 물으면 많은 사람은 우선 두 가지, 즉 인권은 보편적 권리라는 점, 그리고 아주 중요한 권리라는 점을 말할 것이다. 보편성과 중요성이 인권의 핵심 특성인 것은 사실이나, 그 내용이 구체적으로 무엇인지 이해하려면 앞서 요약한 인권의 정치적, 역사적 배경을 염두에 두어야 한다.

우선 보편성부터 살펴보자. 인권의 보편성은 다시 두 가지 차원으로 나눠서 생각할 수 있다. 첫째로 권리 주체의 범위 차원에서 보편성이 있다. 인권은 세상 사람들 가운데 일부만 지니는 권리가 아니라 모든 인간이 누리는 권리이다. 둘째로 내용 차원의 보편성이 있다. 우리가 인권이라고 하는 권리는 세상 모든 사람에게 기본적 권리로서 의미가 있고 인권규범은 이 세상 모든 사회에서 유효하다.

다만 이때 보편성은 공시적 보편성으로 제한해서 보는 게 합당하다. 통시적 보편성까지 확보하려면, 우리가 인권으로 간주할 수 있는 권리의 수가 급격하게 그리고 불필요하게 줄어든다. 예를 들어, 세계인권선언에 포함된 공정한 재판에 대한 권리, 보편적 무상 초등교육에 대한 권리, 사회보장권은 각각 지금 이 시대를 사는 우리에게는 익숙하지만 역사적으로는 늘 존재했던 게 아니며, 현대적 사법 절차, 교육구조, 그리고 사회보장제도를 전제한다. 인권이 지금 우리에게 유용한 권리로 제 역할을 할 수 있으려면, 인권의 보편성은 역사상 존재한 모든 사회와 사람이 아니라, 지금 이 시대의 모든 사회와 사람을 아우르는 공시적 보편성으로 이해해야 할 것이다.

인권의 중요성, 즉 인권은 무척 중요한 인간 이해관심interests을 보호하는 권리라는 생각 또한 사회적 조건에 비춰 이해할 필요가 있다. 모든 중요한 인간 이해관심이 인권의 대상으로 적절한 것은 아니다. 예를 들어 삶의 동반자가 되어 줄 영혼의 짝을 찾는 것은 무척 중요한 인간 이해관심이라고 볼 수 있다. 하지만 이 이해관심의 충족을 위해서 사회, 국가, 혹은 국제사회가 할 수 있는 일이 무엇인지는 불분명하다.

요컨대 **인권은 여러 가지 중요한 인간 이해관심 가운데, 그 이해관심의 충족을 위해 국가, 국제사회와 같은 현대 사회의 주요 행위자가 제도적으로 조치나 행동을 취하는 게 적절한 경우에 발생한다. 여기서 특히 후자의 요소, 즉 국제적 차원은 인권을 여타 제도적 권리와 구별하는 결정적 특징이다. 이 발상을 요약하는 표현으로 "인권은 국제적 관심사항"**human rights are matters of international concern**이라는 말이 있다.** 이

는 대표적으로 필라르티가 대 페냐 이랄라 Filártiga v. Peña-Irala 라는
미국의 한 연방법원 사건(1980)의 판결문에 등장하는 표현인데,
당시 법원은 파라과이에서 파라과이인 사이에 벌어진 고문 사건
에 미국의 연방법원이 법적 관할권을 행사할 수 있는지를 결정
하는 상황이었다. 그러하다는 결론을 내리며 법원은 판결문에서
"현대 사회에서 한 국가가 자국민을 어떻게 처우하는지는 국제
적 관심사항이다"라고 주장했다. 인권이 우리 시대에 어떤 정치
적 역할을 하는지 잘 드러내는 말이다.

정리하자면, **인권이란 현대 사회 내지는 ① 지금 이 시대에 사는 사
람들의 중요한 이해관심 가운데 ② 그 이해관심을 권리로 제도화해서
보호하는 게 적절하며, ③ 이러한 보호의 책임을 개별 국가에게만 맡
기는 게 아니라 ④ 국가 외 행위자도 권리 보호를 위해 역할을 해야만
한다고 보는 게 합당한 권리라고 할 수 있다.**[2]

예를 들어 고문당하지 않을 이해관심은 무척 중요한 이해관심
이고, 권리로 제도화해서 보호하는 게 적절하다. 정치권력의 속
성상, 고문당하지 않을 권리를 법과 정치 제도로 확립하는 것은
공권력이 존재하는 대부분 사회에서 필요한 제도적 조치이다.

---

2   이와 같은 특징을 더 자세히 논의하는 학술서로는 Charles Beitz(2009), *The Idea of Human Rights*, Oxford University Press. 참고.

그런데 또한 많은 경우, 이런 보호의 책임을 개별 국가에게 맡기는 것으로는 불충분하다. 고문을 하는, 즉 고문당하지 않을 권리를 침해하는 주체가 또한 국가일 때가 많아서이다. 따라서 국가 행위자가 예컨대 정치적 저항세력을 억누르기 위해 고문을 활용하는지를 국제사회가 지켜보고, 고문이 발생하는 경우 국제 행동을 하는 게 합당하다고 볼 수 있다. 인권은 이렇듯 국내적 제도화뿐 아니라 국제적 제도화 역시 필요로 하는 권리이다.

이쯤에서 '제도화'의 개념을 더 분명하게 파악하는 것이 인권을 이해하는 데 도움이 될 것이다. 여기서 제도란 법제뿐 아니라 다양한 비법적 정치·사회·문화적 제도를 포함한다. 물론 법제화가 인권 제도의 큰 부분이기는 하다. 하지만 때로는 법적 구속력을 갖춘 규범, 가령 민형사상의 책임을 묻는 규범보다는 연성규범을 통해 행동의 나침반을 제공하거나, 교육제도를 통해 인권에 대한 인식을 제고하는 등의 비법적 제도화가 더 효과적일 때도 있다. 이처럼 인권규범과 인권법규범을 분리할 수 있다는 사실의 또 다른 측면은, 인권규범의 도덕적 중요성이 법제화 그 자체에 달려있지 않다는 것이다.

규범 가운데에는 그것이 법이라서 중요한 규범이 있다. 예컨대 차량이 좌측통행해야 한다는 규범은 그 자체로는 딱히 도덕적 의미가 없다. 모든 차량이 우측통행하는 사회라고 해서 그 반대의 사회보다 도덕적으로는 열등하지 않다. 하지만 어느 사회의 교통법이 좌측통행을 기본 통행 방식으로 정한 경우, 바로 이 법제화 사실 때문에 그 사회에서는 좌측통행 규범에 따르는 게 도덕적으로도 중요해진다. 어떤 규범이 법이라면, 단지 법이기 때문에 규범의 내용과 상관없이 규범을 지켜야 할 도덕적 이유가 있어서다.

반면 인권규범의 경우 관계의 방향이 반대가 된다. 법 규범이라서 도덕적으로 중요한 게 아니라, 도덕적으로 중요하기 때문에 상황에 따라서는 법제화가 필요해지는 것이다. 인권이론가들은 이런 인권의 특성을 두고 '인권은 일차적으로는 도덕적 요구다' 혹은 '인권은 법독립적인 도덕적 중요성을 지닌다'라고 설명한다.

3. 인권의 내용: 어떤 권리가 인권인가?

세계인권선언과 이후 여러 국제조약에 명시되는 인권은 모두 이처럼 법독립적인 도덕적 중요성을 지니는 권리이다. 구체적으로 예를 들자면, '시민적 및 정치적 권리에 관한 국제규약'은 고문금지, 노예제 금지, 신체의 자유, 인간의 존엄성 존중, 거주와 이전의 자유, 재판상의 권리, 소급처벌 금지, 사생활 보호, 사상·양심·종교의 자유, 표현의 자유, 집회·결사의 자유, 가정과 혼인의 보호, 아동 보호, 참정권 등을 포함한다. 경제적·사회적 및 문화적 권리에 관한 국제규약에는 근로의 권리, 근로조건, 노조 결성권, 사회보장 권리, 가정의 보호, 의식주에 대한 권리, 건강권, 교육의 권리, 문화적 권리가 포함된다. 두 조약 모두 정치공동체의 자기 결정권을 명시한다.

앞서 언급했듯이, 두 종류의 조약이 다루는 일반적인 인권규범 외에도, 인종차별, 고문, 강제실종 등 특정한 유형의 인권침해나 여성, 아동, 장애인, 이주노동자 등 특정 집단의 인권을 더 상세히 다루는 국제인권조약도 있다. 특히 만연하거나, 심각한 인권 침해이거나, 인권 상황이 특히 취약한 집단의 경우 혹은 그 외 이유로 더 상세하고 구체적인 규범이 필요하다고 판단되는 경우 별도로 조약이 발달했다.

장기적으로 보면, 국제기준으로 통용되는 인권규범은 확장하는 방향으로 진화를 거듭하는 중이다. 새로운 조약이나 여타 규범의 채택으로 새로운 권리가 인권으로 인정받기도 하고, 기존에 맺어진 조약의 조약 기구가 해석을 확장하여 적용하기도 한다. 후자의 대표적인 예 한 가지가 바로 성적 지향에 근거한 차별의 금지이다. 20세기 중반에 채택된 국제인권조약은 모두 비차별 원칙을 포함하지만, 성적 지향을 별도의 차별 금지 사유로 명시하지는 않았다. 하지만 이들 조약의 조약기구들이 조약 해석에 있어서 성적 지향에 근거한 차별 역시 인권 침해에 해당한다고 일관성 있게 보기에, 지금은 성적 지향에 근거한 차별은 인권 침해라는 인식이 국제적으로 널리 퍼진 상황이다. 한국은 성적 지향과 성별 정체성에 근거한 차별을 인정하는 차별금지 규범 확립이 더딘 편이며 이를 비롯한 여러 이유로 포괄적 차별금지법의 제정도 오랜 기간 표류하고 있다. 이는 한국의 지난 유엔 보편적 인권 정례 검토에서 여러 국가가 지적한 사항이기도 했다.

4. 인권과 인권 의무: 인권의 의무 주체는 누구인가?

원칙적으로 인권이 국제적 관심사항이라는 것은, 인권 침해가 세계 어디서 누구에게 일어나든 간에 그 침해는 전 세계 모두의 관심사항이라는 의미이다. 하지만 정치적으로 그리고 법적으로 인권 의무는 동시다발적으로 발생한 모두의 책임을 좀 더 정교하게 조율한 형태로 이해한다. 통상 각 국가가 자국 관할권 내 모든 개인의 인권에 대한 1차적 책임을 진다. 국가가 1차적 책임 이행에 있어서 미진할 경우 국가 외 행위자의 2차적 책임이 발생한다고 본다. 이때 미진함의 원인은 국가의 의지 부족(예를 들어 국가가 해당 인권을

〈그림 5-2〉남아프리카공화국의 입법 수도 케이프타운
고등법원 앞 비(非)백인 전용 벤치.

경시하거나 심지어 주도적으로 침해할 경우)일 수도 있고, 의지와 상
관없이 역량이나 여력 부족(예를 들어 경제적 자원이나 제도적 기반
부족으로 인권 보호에 필요한 물적 조건을 확보하지 못하는 경우)일
수도 있다.

　　**국가의 책임은 다시 세 가지 차원으로 나눠서 이해할 수 있다. 국가
는 개인이 인권을 누리는 것을 방해해서는 안 된다는 이른바 인권 존
중의 의무, 개인을 인권 침해로부터 보호할 의무, 그리고 개인이 인권
을 누리는 데 도움이 되는 적극적 조치를 취할 인권 실현의 의무를 진
다.** 우리는 일상적으로 이 모두를 아울러서 '인권 보호'를 말하지
만, 국제규범은 이렇게 존중, 보호, 실현을 세분화하고 국가들에
게는 세 가지 의무 모두가 발생한다는 점을 분명히 함으로써 의

192

무의 회피를 경계한다.

국가의 1차적 책임과 국가 외 행위자의 2차적 책임은 주도권과 우선순위에서 구별된다고 생각할 수 있다. 인권은 국제적 관심사항이지만, 이 관심을 표현하는 방식에 있어서는 국가에게 우선 의무를 수행하게 하는 것이 더 효율적일 때가 많다. 또 의무 수행의 기회를 우선 주는 것이 개인의 인권과 공동체의 자기결정권 사이에서 발생하는 불필요한 충돌을 줄이는 길이기도 하다. 이런 상황에서 국가가 의지나 여력의 부족을 드러낼 때, 국가 외 행위자는 뭔가 조치를 취할 권한과 책임을 동시에 진다. 여기서 국가 외 행위자는 유엔 기구 등의 국제기구, 제3국들, 그리고 기업이나 시민사회 단체를 포함하는 다양한 조합의 개인과 집단들을 지칭한다.

예를 들어 20세기의 가장 성공적인 인권 캠페인 가운데 하나인 남아프리카공화국 아파르트헤이트 정책 철폐 운동은, 당시 남아공 정부가 인권 책임을 다하지 못함에 따라 다양한 국가 외 행위자가 일제히 행동한 사례이다. 당시 유엔 내 다양한 기구에서 남아공의 인종차별을 비판하고 급기야 안전보장이사회는 제재를 결정했다. 광범위한 시민사회 단체의 운동으로 대학가에서의 보이콧 운동, 기업을 대상으로 한 투자철회운동 등이 벌어졌다. 이런 행동은 국가 외 행위자의 2차적인 인권 책임이 다면적으로 발현한 사례라고 볼 수 있다.

5. 인권은 정말 보편적인가?

인권 제도가 고도로 발달하고 인권의 언어와 규범이 확산함에 따라 인권에 대한 성찰 그리고 다양한 각도의 비판도 늘어났다. 이러한 비판은 최근 인권에 적대적인 포퓰리스트 정권이 세계적으로 부상하면서 함께 거세지는 추세이다.

흔한 비판 가운데 하나로, 인권의 보편성에 대해 품는 의구심이 있다. 인권이 보편적 권리라고 흔히 말하지만, 현재 국제기준상 인권으로 인정되는 여러 권리가 정말 모든 문화에서 받아들일 수 있는 권리인지, 과도한 문화적 혹은 이데올로기적 편향을 드러내는 것은 아닌지, 부당하게 서구 중심적이지는 않은지 등의 의문이 제기되고는 한다.

보편성 비판을 평가함에 있어서 세 가지 논점을 분리해서 생각하는 게 필요하다. 첫째로, 보편성과 중립성을 구분하는 게 중요하다. 어떤 규범이 보편적이라는 것은, 그 규범이 모든 사회에서 — 이들 사회의 문화적 차이에도 불구하고 — 유효하다는 의미이다. 반면 어떤 규범이 중립적이라는 것은, 그 규범이 특정 사회의 정치문화에 특별히 더 혹은 덜 친화적이지 않다는 뜻이다. 그렇다면, 모든 사회에서 응당 받아들여야 한다는 의미에서 보편적인 규범이기는 하지만, 일부 사회는 여러 이유로 다른 사회에 비해 그 규범을 받아들이기 용이하지 않은 조건을 보인다는 점에서 중립적이지는 않은 규범이 존재할 수 있다.

예컨대, 성별과 관계없이 고등교육 기회의 평등을 권리로 인정하는 경제적, 사회적 및 문화적 권리에 관한 국제규약 13조는 보편적 규범이라고 보는 게 타당하다. 그런데 현존하는 사회 가운데 여성은 고등교육을 받는 것이 제한되는 사회도 있다. 그렇다면 경제사회문화권 규약 13조는 이렇듯 고등교육 기회를 차별적으로 보장하는 사회와 여타 사회 사이에서 중립적이지는 않다. 우리는 인권이 지향하는 바가 중립성이 아니라 보편성이라는 점을 분명히 해야 한다.

두 번째로, 인권의 보편성을 비판함에 있어 특정 사회나 문화 구성원이 모두 단일한 혹은 통일된 입장을 가진다고 생각하려는 경향을 경계해야 한다. "이 문화에서는, 이 사회에서는 이런 인권을 받아들일 수 없다"는 식의 명제는 많은 경우 실재하지 않는 통일성과 의견일치를 전제하는 오류를 수반한다.

사실 어떤 사회나 문화에서 어떤 인권을 지킬지 여부가 애초에 국제적 관심사항으로 떠오르는 이유는 대체로 구성원 사이 이견이 있어서, 즉 누군가는 어떤 인권을 주장하고 누군가는 그 권리를 부정하고자 하기 때문이다. 이때 후자가 "우리 사회는 문화적 특성이나 전통을 고려할 때 이 권리를 인권으로 받아들일 수 없다"고 주장하고는 하는데, 이 목소리가 해당 사회 전체의 목소리인 것으로 간주함은 인권 보호 차원에서 바람직하지 않음은 물론 경험적으로도 부정확하다. 더욱이 권리를 부정하려는 이들은 사회 내 저항의 목소리를 억누름으로써 스스로 권력을 지속하려는 의도에서 그런 입장을 취할 때가 빈번하다. 이와 같은 배경에서 제기되는 보편성 비판은 신뢰하여 진지하게 받아들이기 쉽지 않다.

하지만 세 번째로, 인권이 보편성을 지향하면서도 진정한 보편성을 획득하지 못하는 상황이 발생할 가능성은 가벼이 여길 수 없다. 국제법 학파 중 '국제법에 관한 제3세계 접근TWAIL, Third World Approaches to International Law'이라는 학파가 있다. 이 학파에서 종종 지적하기로, 국제인권기준을 확립하고 해석하는 데 주도적인 역할을 하는 사람들 — 영향력 있는 국가의 정치인과 외교관, 관련 기구 고위직 종사자, 국제법과 여타 유관 학문 분야의 명망 높은 학자들 — 의 분포가 전 지구적이지 못하고 주로 서구나 북미 등 일부 지역에 집중돼 있을 때, 불합리하게 시야가 축소되거나 제한되는 현상이 발생할 수 있다. 이렇듯 인권의 규범화 및 제도화 차원에서 편협함이 발생할 위험을 인지하고 적극적으로 대응하는 것은 인권이 애초 목적인 보편성을 실제로 이루는 데 중요하다.

6. 인권은 위선인가? 억압인가?

인권규범은 사실 위선적이라는 비판도 있다. 인권규범은 사실 선택적으로 적용되어서, 자국 인권상황 때문에 국제적으로 지탄받거나 외교적 압박에 처하는 국가는 대체로 약소국이고, 강대국은 인권침해를 저질러도 큰 문제없이 지나간다는 의심이다. 이에 더해, 강대국이 국제질서 내 지정학적 우위를 유지하려는 의도로 약소국을 압박하는 데 인권규범을 활용하는 것 아니냐는 의문을 제기하기도 한다.

구체적인 사례를 두고 봤을 때 비판과 의구심이 과장된 경우도 있다. 예를 들어 제노사이드와 반인도범죄 등을 관할하는 국제형사재판소는 초기 수사 상황 대부분이 아프리카에 집중되어 "국제형사재판소가 아니라 아프리카형사재판소"라는 비판을 받았다. 하지만 초기 상황이 이러했던 것에는 복합적 이유가 있었다. 물론, 미국을 비롯한 몇몇 강대국이 재판소에 가입하지 않아서 심각한 집행공백이 생긴 것은 사실이고, 이 공백은 지금도 재판소의 효과적인 작동을 가로막는 요인이다. 하지만 가입국 가운데 굳이 아프리카에 초기 수사가 집중된 것은 강대국의 횡포 때문이라기보다는 여러 아프리카 정부가 재판소 출범 초기에 국내 또는 역내 상황을 재판소에 회부해서다.

〈그림 5-3〉 국제형사재판소의 집행 사례

그렇더라도, 거시적으로 볼 때 주요 인권규범의 선택적 적용과 집행 문제는 분명 존재한다. 가령 국제형사재판소는 강대국이 관련된 전쟁범죄나 반인도범죄 혐의를 수사함에 있어 법적관할권 문제로 난항을 겪고는 한다. 일례로 국제형사재판소는 최근 러시아-우크라이나 전쟁에서 러시아군이 우크라이나 어린이들을 러시아로 불법이주시킨 혐의로 푸틴 러시아 대통령에 대해 체포 영장을 발부했다. 이 사안으로 수사가 진행될 수 있었던 것은 우크라이나가 임시로 국제형사재판소의 관할권을 받아들였고, 사안의 일부가 우크라이나에서 일어났기 때문이다. 이렇듯 강대국이 국제형사재판소의 관할권을 받아들이지 않을 경우, 국제형사재판소의 소추관(검사)은 우회적 혹은 간접적 연결고리를 찾아야만 한다.

앞서 인권은 우리 시대의 지구정치도덕 규범체계로 중요한 역할을 한다고 얘기했다. 규범의 선택적 혹은 불완전한 적용은 이 체계의 정당성을 위협한다는 점에서 상당한 우려 요소이다.

7. 인권은 쓸모 있는가?

한편 최근 인권학계에서 급부상한 논쟁으로 각도가 조금 다른 것이 있는데, 말하자면 인권규범과 제도, 담론, 문화, 운동이 정말 세상을 더 낫게 만들었는지, 말하자면 인권이 현실에서 얼마나 쓸모 있었는지에 관한 것이다. 상대적으로 미시적인 차원의 논쟁과 거시적인 차원의 논쟁이 있는데, 둘을 분리해서 생각하는 게 유용하다.

미시적 비판은 국제인권조약을 비롯한 인권규범의 목적과 취지는 바람직하지만, 인권조약의 비준과 가입이 실제로 해당 국가 내 인권 개선으로 이어지는지가 불분명하다는 주장이다. 즉 많은 국가가 일단 국제정치적으로 부담을 덜고자 인권조약을 비준하거나 조약에 가입하는데, 이들 조약은 대부분 규범 준수가 이루어지지 않더라도 심각한 대가가 뒤따르지 않아서, 즉 집행력이 약하므로 국가로서는 비준, 가입이 저비용 고효율의 선택이라는 것이다.

그런데 많은 국가가 이와 같은 판단에서 인권조약을 비준, 가입할 경우, 조약 비준율이 높은 것을 이유로 실제 현장에서의 인권 상황이 개선되었다고 말하기는 어렵다는 논리이다.

일견 설득력 있는 논리이지만, 실상은 실제 관련 경험 연구를 통해서만 확인할 수 있다. 지난 15년 남짓 학계에서는 조약 가입 및 비준이 실질적으로 인권 상황 개선 효과를 냈는지를 주제로 하는 연구가 상당히 활발하게 진행되었는데, 놀랍지 않게도 현실은 순수한 비관론과 순수한 낙관론 사이 어딘가에 있는 것으로 보인다. 예를 들어 국제인권조약 비준이 국내법과 정치에 실제 영향을 미치는지는 국내 동력 — 예컨대 시민사회운동이나 사법부의 인권친화적 행보 — 이 존재하는지, 해당 사회의 정치형태 — 민주주의 국가인지, 권위주의 국가인지, 민주화 이행기 단계 국가인지 — 그리고 국제 행위자와 현지 인권 운동이 어떻게 결합하는지 등의 조건에 따라 달라진다는 연구 결과가 있다. **즉 조약의 가입비준이 그 자체로 인권 상황을 개선시키는 것은 아니지만, 다른 한편으로는 우호적인 국내적 조건이 존재할 때는 국제기준이 의미 있을 수 있다는 게 현재 학계의 중론이다.**

이 사실을 어떻게 평가하는가에 있어 합당한 시각의 차이가 있는 것이 가능하겠으나, 여타 국제 규범의 경우와 비교해서 볼 때 현재 경험 연구가 맞다면, 우리가 인권 영역에서 상대적으로 더 비관적일 이유는 없지 않나 싶다. 많은 국제 규범 영역에 있어 국가의 규범 채택(조약의 가입비준) 자체가 국내 상황의 의미 있는 변화로 곧바로 이어지리라 기대하는 것은 무리일 것이다. 다양한 국내 조건이 형성돼야 실제 변화가 생기는 게 자연스러울 테고, 인권에 관한 국제기준도 마찬가지라고 볼 수 있다.

거시적 차원의 인권 무용론은, 인권이 유일무이한 지구정치도덕의 위상만 차지했을 뿐 정작 중요한 전 지구적 문제들은 해결하지 못했고, 심지어 이 문제들에 무관심했다는 주장이다. 무용론자는 특히 지난 수십 년 동안 극심해진 경제적 불평등을 예로 든다. 물론, 인권이 모든 종류의 불평등에 무관심했던 것은 아니다. 이는 무용론자들도 인정하는 바다. 앞서 언급한 아파르트헤이트 사례에서 보듯이, 인권은 인종, 성별, 그 외 사회적 신분상 지위의 불평등을 타파하는 데 큰 역할을 했다.

하지만 무용론자는 인권이 물질적 혹은 경제적 격차의 급증에 대응할 규범적 자원은 갖추지 못한다고 주장한다. 물론 인권에 사회보장권이나 주거권과 같은 사회경제적 권리들이 있지만, 무용론자는 이 권리들이 상대적 격차 제한이 아니라 절대적 최저선 충족만을 요구하므로 물질적 불평등의 대응책으로는 부족하다고 본다. 사회경제권은 예컨대 공동체 내 가장 가난한 사람도 충분히 '인간다운' 물질적 생활 수준을 누릴 수 있게 하는 것을 목표로 하지, 이 사람과 한국의 재벌이나 워렌 버핏과 같은 갑부들 사이에 존재하는 경제적 불평등은 문제삼지 않는다는 것이다.

무용론자는 나아가 이렇듯 절대적 최저선에 집중하는 인권규범체계는 전 지구적으로 경제적 불평등 심화가 갈수록 문제로 떠오르는 우리 시대의 정치 현실과 동떨어진 체계이고, 이는 인권이 표방하는 정치적 역할을 생각할 때 심각한 결함이라고 비판한다.

이러한 거대 무용론에 인권 옹호론자는 적어도 두 가지 방향으로 답변 혹은 건설적 대응을 할 수 있다. 우선, 지위불평등과 경제불평등은 비판론자 측이 생각하듯이 별개의 현상이 아니며, 사실 긴밀하게 연동한다. 인권이 표방하는 지위의 평등을 실제로 이루려면, 서로 다른 사회 구성원 집단 사이 경제적 불평등 역시 어느 정도 제한해야 하기 때문이다. 평등권뿐 아니라 여타 인권에 대해서도 유사한 얘기를 할 수 있다.

예를 들어 사회 내 경제적 불평등이 심화하는 것은 사회 구성원의 건강에 악영향을 끼치고, 정치적 불안정을 조장해서 내전과 같이 인권에 위협적인 조건으로 이어진다는 경험 연구들이 있다. 이러한 경험적 관계가 성립한다면, 경제적 불평등의 제한이 여러 인권의 안정적인 존중, 보호, 실현을 위해서 필요하다고 논증할 수 있다. 그렇다면, 비록 주요 국제인권조약이 경제적 불평등을 제한하는 것 그 자체를 인권으로 보지 않는다고 해도, 조약 내 여타 인권을 안정적으로 존중, 보호, 실현하기 위한 수단으로 경제적 불평등을 어느 정도 제한하는 정책적 대응이 필요하다고 해석할 수 있다.

인권 옹호론자는 두 번째로, 조금 다른 차원에서 무용론에 건설적으로 대응할 수 있다. 인권이 우리 시대의 핵심적인 지구정치도덕 규범을 구성하는 것은 사실이다. 하지만 합리적인 인권 옹호론자는 인권제국주의자가 아니다. 합리적인 인권 옹호론자는, 모든 문제를 오직 인권의 관점에서 풀고자 하지는 않는다.

예를 들어 국제경제제도 내 무역 규범을 개편하거나, 전 지구적 차원에서 천연 자원 활용 방식 및 경제적 거래 방식을 개혁하는 등 별개의 규범체계를 통해 과도한 경제 불평등에 효과적으로 대응할 수 있다면, 합리적인 인권 옹호론자 입장에서는 마다할 이유가 없다. 즉 무용론을 계기로 인권 옹호론자는 한편으로는 인권규범과 경제 불평등의 관계를 더 분명히 드러내고, 다른 한편으로는 지구정치도덕 규범체계가 인권규범 외에도 공정무역, 지구 자원의 분배정의 규범과 같은 다양한 불평등 완화를 위한 규범을 더 적극적으로 활용하는 것이 필요한지 검토할 수 있다.

8. 인권과 인권, 인권 대 인권

다만 아직은 이렇듯 인권규범과 여타 지구정치도덕 규범의 관계나 조합을 면밀하게 따지거나, 실제 새로운 규범체계를 수립하려는 노력이 많지는 않다. 일부 정치철학자들이 이러한 기획을 철학적으로 연구하기는 했지만, 인권학자나 인권 현장의 실무가들은 인권규범체계 내에서 여러 인권 사이의 관계를 고민하는 데 더 많은 노력을 기울여 왔다. 시각의 확장은 앞으로 해결할 과제이다.

우선, 많은 인권학자가 인권 사이 관계에 초점을 맞춰 온 배경을 좀 더 살펴보기로 한다. 20세기 중반 이래 주요 국제인권조약이 채택되고 국제인권기준이 선명해짐과 동시에, 인권의 1차적 의무 주체라 할 수 있는 국가는 많은 경우 정책적 지향이나 이데올로기에 따라 인권을 취사선택하는 경향을 보였고, 이는 많은 인권학자와 실무가의 우려를 샀다. 예컨대 사회경제권에 적대적인 국가는 시민정치권만이 진정한 인권이라 주장하고, 반대로 표현의 자유나 참정권과 같은 시민정치권에 소극적인 국가는 자신들의 사회경제권 보호 실적(?)을 강조하며 국제사회의 비판을 회피하려고 한다.

일종의 대응으로 1993년 비엔나에서 열린 세계인권대회의 결

그림 〈5-4〉 1993년 개최된 비엔나 세계인권회의

과물, 이른바 "비엔나 선언과 행동계획"이 있다. 이 문건은 모든 인권이 불가분의, 상호의존적인, 그리고 상호연관된 관계로 엮여있다는 명제로 기억된다. "비엔나 선언과 행동계획"은 법적 구속력이 있는 규범은 아니지만, 인권과 인권 사이 관계를 해석하는 데 있어서 권위를 인정받는다. 예를 들어 사회보장제도가 취약한 국가가 경제적·사회적·문화적 권리는 등한시하고 시민적·정치적 권리만 강조하는 경우와 권위주의 국가에서 표현의 자유, 집회·결사의 자유, 참정권은 무시하고 사회경제권만 내세우는 경우 모두 "비엔나 선언과 행동계획"의 불가분성, 상호의존성, 상호연관성 독트린과 충돌한다고 볼 수 있다.

이 독트린이 무리한 주장은 아니냐는 비판도 없지 않다. 정말

모든 권리가 빠짐없이 서로 불가분성, 상호의존성, 상호연관성
을 보이는지를 두고 인권이론 내 어느 정도 활발한 찬반론이 있
다. 다만 양쪽 모두 인정하는 바는, 완벽한 수준의 불가분성, 상
호의존성, 상호연관성은 아니더라도 많은 인권 사이에 상당한
수준의 관련성이 보이며, 인권의 존중, 보호, 실현이 전반적으로
높은 수준을 이룬 국가에서는 개별 인권 사이에 시너지 효과가
일어나고는 한다는 것이다. 한 국가 내 인권의 전반적 상황 개선
을 목표로 할 경우 참고할 점이다.

9. 인권은 가변적인가?

앞서 인권규범은 지난 수십여 년 동안 확장하는 방향으로 진화
를 거듭했다고 언급했다. 2020년대를 사는 우리가 생각하는 인
권의 범위는, 제2차 세계대전 직후 사람들이 생각했던 것보다
사뭇 넓다. 그렇다면 인권의 내용은 어떤 계기로 얼마나 그리고
어떤 방향으로 변할 수 있는가?

인권의 확장적 진화를 두고 일부 논객은 이른바 '인권의 인플
레이션'을 우려한다. 너무나 많은 권리를 인권으로 간주하면서
인권의 가치가 떨어진다는 것이다. 일종의 경제 비유, 즉 수요공

급 원리의 비유에 기댄 비판이다. 그런데 이런 비유는 사실 적합
하지 않다. 비유에 따르면, 시장에서 재화의 공급이 늘어날 경우
(그리고 다른 모든 게 같을 경우) 재화의 시장가치가 떨어지듯이,
인권의 '개수'가 늘어날 경우 인권의 가치가 떨어진다. 하지만 가
치에는 시장가치만 있는 게 아니고, 모든 재화의 척도가 시장가
치인 것은 아니다. 애초에 재화가 중요한 이유가 그 수와 무관한
경우가 이렇고, 인권이 바로 이런 재화에 해당한다. 애시당초 인
권이 중요한 이유는 동종 권리의 수가 적어 희소해서가 아니다.
인권은 권리로 보호하고자 하는 바가 인간이 인간답게 살기 위
해 필요한 것이라서 중요한 것이다.

　더욱이 최근에는 인권 인플레이션보다는 오히려 인권의 내용
과 범위를 축소하는 인권수정주의 경향이 활발하다. 가령 인권
에 친화적이지 않으나 인권의 이상 자체를 부정하기에는 정치적
으로 부담스러운 국가는 인권에 관한 국제기준을 소극적으로 해
석함으로써 자국의 인권 기록에 대한 국제적 비판을 모면하려고
한다.

　확장과 축소 양쪽 주장 모두 인권의 특성에 근거해 판단하는
게 적합하다. 앞선 논의를 환기하자면, 인권규범은 현대사회에
서 적절한 제도적 보호 없이는 위협당할 것이 예측가능한 중요
한 인간 이해관심을 보호하고, 이때 그 보호의 역할을 국가에게

만 맡기면 위협에 충분히 대응할 수 없으므로 국제적 관심을 핵심 요소로 삼는 규범이다. 이러한 특성에 비춰 판단할 경우, 인권의 확장과 축소는 아마 비대칭적일 것으로 예상된다.

인권의 확장은, 새로운 위협의 출현 혹은 인식 제고의 자연스러운 결과일 것으로 예상할 수 있다. 예를 들어 기후위기나 신기술의 발달이 예전에 없었던 인권 위협으로 부상할 수 있다. 인식 제고에 따른 도덕적 진보는 예컨대, 전쟁 상황에서도 민간인의 생명과 재산은 보호해야 한다는 식의 인권규범의 출현을 낳을 수 있다. (현대 국제질서 아래에서 실제로 이런 인식의 전환이 일어나서, 이른바 '국제인도법'이라는 법 분야가 전쟁 중의 인권 보호를 명시하는 방식으로 발달했다.)

반면 인권규범의 축소가 적절한 경우는 해당 위협 조건이 소멸하거나, 위협에 국가가 국제적 관심 없이도 충분히 대처할 수 있는 조건이 만들어지는 상황이다. 그런데 인권규범의 축소를 주장하는 여러 국가의 경우를 떠올려 보면, 이처럼 위협이 소멸하거나 국가의 보호 역량이 증진한 사례를 찾기는 쉽지 않다.

10. 인권의 미래

최근 현대 국제질서가 흔들리고 있다는 진단이 여기저기서 들린다. 경제불평등, 고전적 전쟁의 귀환, 포퓰리즘과 극우 정권의 출현 등으로 인권과 평화를 도덕적 축으로 삼는 20세기 중반 이래의 유엔 체제가 시험받고 있다는 것이다. 얼마 전부터는 '탈인권 시대'나 '인권의 위기'를 말하는 논객도 보인다.

이러한 도전은 많은 경우 앞서 논의한 세 가지 비판과 의심, 즉 인권이 정말 보편적인지, 위선적이거나 억압적이지는 않은지, 현재 인류의 시급한 문제를 해결하는 데 유용한지와 같은 비판과 의심으로 구체화되고는 한다. 따라서 이들 비판과 의심에 효과적으로 대처하는 것은 현 국제인권제도와 운동의 중요한 과제이다.

2024년 현재 특히 시급한 두 가지 구체적인 과제를 소개하며 글을 마친다. 첫째, 최근 러시아-우크라이나 전쟁과 이스라엘-하마스 전쟁이 불거지며 광범위한 인권 침해가 일어나고 있다. 두 전쟁 모두 복잡한 지정학적 요인으로 국제기구나 제3국의 대응, 즉 '국제적 관심'이 실행되기에도 역시 복잡한 상황이다. 이러한 상황에도 불구하고 국제 협력을 통해 이들 전쟁에서 벌어지는 인권 침해에 효과적으로 대응하는 것이 국제인권제도 그리고 나아가 현 국제질서의 위급한 숙제이다.

〈그림 5-5〉 2015년 파리협정 성사 당시 모습.
　　　　　반기문 유엔 사무총장과 각국 정상들

　둘째, 또 하나의 위급한 숙제로 기후위기에 따른 인권 침해와 위협
에 대처하는 것이 있다. 20세기까지는 기후변화를 인권과 연결해
서 인식하는 경향이 두드러지지 않았다. 그러나 21세기 들어 기
후변화가 가져올 인권에 대한 위협 — 가령 생명권, 생존권, 건강
권 등에 대한 위협 — 을 주목하는 연구와 시민운동이 발전하기
시작했고, **가장 최근에 채택된 국제기후변화조약인 파리협정(2016)
은 전문에 기후변화의 인권영향을 명시적으로 언급한다.** 근 몇 년 동
안 유럽인권재판소 등의 지역인권기제 및 다수 국가의 국내 법
원에서는 이른바 '인권 기반 기후소송', 즉 국가나 기업 등이 기
후위기에 불충분하게 대응하는 것이 인권 침해에 해당한다는 논
리의 소송이 활발하게 제기되고 있다. 동시에 국제적으로 환경

권을 인권으로 인정하는 운동이 전개되고, 2022년에는 유엔 총회에서 이러한 내용을 긍정하는 결의안이 채택됐다.

사실 기후위기의 인권 위협은 20세기 중반 국제인권제도가 출현할 당시 널리 인식된 인권 위협은 아니다. 당시 사람들이 주로 생각한 인권 침해는 (통상 국가인) 특정한 가해자와 특정한 피해자가 지목될 수 있는 것이었던 반면, 기후위기는 인권에 대한 일종의 구조적 위협, 즉 가해자와 피해자 사이 짧고 선명한 인과관계를 확립하기는 어려운 유형의 인권 위협이다. 환경권 개념이 발달하고 인권 기반 기후소송의 법리가 형성됨에 따라 국제인권 기준은 이러한 구조적 성격의 위협이라 하더라도 인권에 분명한 타격을 주는 것으로 예상되는 위협이라면 이 역시 인권규범과 제도로 대응할 문제라는 방향으로 범위를 확장하는 중이다. 앞서 논의한 인권규범 확장과 축소의 논리를 적용한다면, 긍정적으로 평가할 만한 전개이다.

요컨대 인권의 국제규범화, 즉 모든 인간이 인종, 성별, 출생, 신분 등과 상관없이 저마다 동등하게 지니는 기본권이 있으며, 국제사회가 이 권리를 보호하는 데 역할을 해야 한다는 발상이 확산하고 제도화한 것은 일종의 도덕적 혁신이었다. 지금 우리는 주권 존중이 무조건적인 비간섭을 뜻하는 게 아니라, 보편적 인권 존중, 보호, 및 실현을 전제하는 세상에서 산다. 이는 인류의 긴 역사의 관점에서 봤을 때는 획기적인 사실이다.

인권이 이처럼 중요한 역할을 한 만큼, 인권에 대한 비판과 회의도 많다. 인권규범이 각국에 대한 부당한 간섭으로 이어진다거나, 인권의 내용이 지나치게 급진적이라는 비판과, 인권규범은 오히려 보수적이고 충분한 변화를 이끌어내지 못했다는 비판이 공존한다. 이 글에서 논의했듯이, 때로는 인권 비판론의 논거가 빈약하고, 때로는 인권규범과 제도의 성과가 불완전한 것이 사실이다. 인권이 우리 시대의 지구정치도덕으로 역할을 계속할 수 있을지는 이러한 불완전성을 개선하고, 전쟁이나 기후위기와 같은 새로운 위협과 도전에 적극적으로 대응할 수 있는지에 달려 있다.

더 읽을거리

〈세계인권선언〉(Universal Declaration of Human Rights)
유명세에 비해 막상 읽어 본 사람은 얼마 없는 현대 인권 체계의 초
석이다. 전문에서 현대 인권의 정치적, 역사적 배경을 알 수 있다.
본문에서는 당시(1948년) 국가들이 보편적 권리로 인정한 권리의
내용과 유형을 확인할 수 있다.

조효제(2020),《인권의 최전선》, 교양인
한국을 대표하는 인권 연구자가 다양한 사회 현안을 인권의 시각에
서 풀어 쓴 에세이 모음집이다. 자칫 국제법과 국제기구의 영역으로
만 느껴질 수 있는 인권규범을 일상에서 부딪히는 문제에 적용함으
로써 인권의 내용과 범위, 근거를 더 깊이 고민할 계기를 제공한다.

저자 소개 (게재순)

김비환

성균관대 정치외교학과 명예교수. 성균관대 사회과학대학장과 한국정치사상학회 회장을 역임하였다. 성균관대 정치외교학과에서 정치학 학사를, 영국 케임브리지대에서 정치이론분야 석사·박사학위를 받았다. 주요 연구 분야는 현대정치철학, 민주주의, 분배적 정의와 조세철학 등이다. 주요 저서로는《사유재산의 정치철학: 이론, 신화 그리고 정치》(2022),《개인적 자유에서 사회적 자유로: 어떤 자유, 누구를 위한 자유인가?》(2018),《민주주의와 법의 지배》(2016),《마이클 오크숏의 철학과 정치사상》(2014),《플라톤과 아리스토텔레스의 정치철학과 변증법적 법치주의》(2011),《포스트모던 시대의 정치와 문화》(2005),《자유지상주의자들, 자유주의자들, 그리고 민주주의자들》(2005) 등 다수가 있다.

양재진

연세대 행정학과 교수. 미국 럿거스대에서 정치학 박사를 취득하였다. 연세대 김대중도서관장, 행정대학원 부원장, 대통령자문정책기획위원, 한국사회보장학회장 등을 역임하고, 한국행정학보 편집장을 맡고 있다. 2023년 제68회 대한민국학술원상을 수상하였다. 저서로《복지의 원리》(2023), *The Political Economy of the Small Welfare State in South Korea*(2017), *The Small Welfare State: Rethinking Welfare in the US, Japan, and South Korea*(2020) 등이 있다.

박준식

연세대 사회학과를 졸업하고 동 대학원에서 석·박사학위를 받았다. 시카고대 동아시아연구센터에서 박사후 초빙연구원을 거쳐 현재 한림대 사회학과 교수로 재직 중이다. 일본노동연구연수기구 초빙연구원, 막스플랑크 사회연구소 초빙연구원, 도쿄대 동양문화연구소 초빙연구원 등으로 활동했다. 지역사회학회 회장, 대통령소속 정책기획위원회 포용사회분과 위원장, 최저임금위원회 위원장을 역임했고, 금융산업공익재단 이사장을 겸하고 있다. 주요 저서로는《생산의 정치와 작업장 민주주의》(1997),《구조조정과 고용관계 변화의 국제비교》(2004),《글로벌 시대의 체제 전환》(공저, 2019),《지역창조의 사회학》(공저, 2012),《ICT 클러스터의 혁신과 진화》(공저, 2018) 등이 있다.

이준웅

서울대 언론정보학과 교수. 서울대 언론정보학과를 졸업하고, 동 대학원에서 석사를, 미국 펜실베이니아대에서 소통학 박사를 받았다. 한국언론학회 회장과 서울대 출판문화원장을 역임했다. 뉴스의 틀짓기 효과와 정치적 여론형성에 대한 연구를 수행하여 주요 학술지에 발표했으며, 민주주의 이론의 관점에서 레토릭과 설득적 소통에 대한 연구를 정리해서《말과 권력》(2011)으로 출간한 바 있다. 현대 민주정을 위협하는 극단적 소통이 대두하면서 발생한 문제를 해결하는 데 기여하고, 한국정치에서 언론이 작동하는 방식에 대해 경험적으로 정교하면서 규범적으로 타당한 비판을 제시하기 위해 연구 중이다.

송지우

서울대 정치외교학부 교수. 〈인권〉, 〈정치철학〉, 〈법과 민주주의〉 등의
강의를 담당하고 있으며, "Human Rights and Inequality", *Philosoph
y and Public Affairs*, "Pirates and Torturers: Universal Jurisdictio
n as Enforcement Gap-Filling", *Journal of Political Philosophy* 등의
논문을 출간했다. 현재 인권의 이론적 소개를 내용으로 하는 단행본을
준비하고 있다.

21세기 한국 지성의 몰락
미네르바 부엉이는 날지 않는다

송호근(한림대 도헌학술원 원장)

21세기 한국, 지성인은 어디로 사라졌는가?
실종된 지식인들을 찾는 탐사기

날카로운 사회분석과 칼럼으로 한국지성을 대표하는 송호근 교수가 세
계 지성사의 흐름과 한국 지식인 사회를 성찰하고 지식인이 앞으로 나아
갈 길을 모색했다. 사회학자이자 교수로서 누구보다 넓은 시야로 19세기
부터 21세기까지 세계 지성사와 문명사의 큰 흐름을 읽어냈다. 21세기
문명 전환기, 한국 지식인들은 왜 사라졌는가?

신국판 | 372면 | 24,000원

AI시대 대학교육의 미래

염재호·이광형·박명규·장병탁·박섭형·조영헌

AI 혁명 대전환의 시대,
6인의 교육자가 찾은 대학교육의 미래

대학의 총장, 교수로서 교육혁신의 최전선에 서 있는 6명의 저자들이
각자의 관점에서 AI 시대에 대학의 역할과 발전 방향을 모색했다. 저
자들은 첨단과학 전문가의 기술 발전에 대한 분석과 인문사회학자의
통찰을 더해 학생들이 폭넓은 시야와 문제해결능력을 키우는 길을
제시했다.

신국판 변형 | 244면 | 18,000원

문명대변혁의 시대

사회구조 변화와 학문적 조망

김용학·조화순·함지현·주경철·박태균·고재현

4차 문명혁명 시대,
사회구조 변화에 대한 진단과 처방

전현직 대학 총장, 학회장, 연구소장, 대학원장, 학장 등 5명의 학자들이 사회학·정치학·역사학·과학 등 다양한 학문적 관점에서 오늘날 '4차 문명혁명' 시대를 진단하는 종합적인 시야를 제공한다. 산업뿐만 아니라 인간의 의식과 행동 등 삶의 전 분야와 사회구조 전반의 변화를 살펴보고 새로운 문명사회를 헤쳐 나갈 방안을 제시했다.

신국판 변형 | 200면 | 18,000원

정의와 공정 1
키워드 한국 공론장

목광수·신경아·이병훈·설동훈·조문영

젠더, 노동, 이주민, 청년
네 개의 프리즘으로 비춰 보는 한국의 현재

최근 몇 년 새 분열과 대립으로 얼룩진 한국 사회의 공론장을 관통하는 네 개의 키워드를 선정해 해설한다. 본래의 맥락과 의미로부터 벗어나 오남용 되는 젠더, 노동, 이주민, 청년의 개념을 주제별로 전문성을 인정받는 철학자, 사회학자, 문화인류학자 등 5명의 학자가 해설하여 뜻을 바로잡는다. 21세기 한국 사회의 진정한 소통을 위한 핵심 키워드 해설서.

신국판 변형 | 224면 | 18,000원